# 沙灘上的馬克思，生活中的資本論

## Marx à la plage: Le Capital dans un transat

法國魯昂－諾曼第大學當代歷史講師
尚－紐曼・杜康吉（Jean-Numa DUCANGE）著
林承賢 譯

國立中山大學社會學系教授
萬毓澤 審定

目次

目次

目次

目次

推薦序

# 有法國特色的馬克思入門書

國立中山大學社會學系教授　萬毓澤

晚近市面上有不少著作闡述馬克思的思想（我自己也在二〇一八年貢獻了兩本），但從法文譯為中文者並不多見。我所知者，僅有對岸出版的《馬克思主義使用說明書》〔*Marx, mode d'emploi*, 2009，丹尼爾·本薩義德（Daniel Bensaïd）著，紅旗出版社，二〇一三〕、《資本主義十講》〔*Le capitalisme en 10 leçons. Petit cours illustré hétérodoxe*, 2012，米歇爾·于松（Michel Husson）著，社會科學文獻出版社，二〇一三〕、《卡爾·馬克思：世界的精神》〔*Karl Marx ou l'esprit du monde*, 2005，雅克·阿塔利（Jacques Attali）著，上海人民出版社，二〇一八，二版」等數種。本書不僅填補了這個空缺，且是由台灣本土翻譯出版，尤其難能可貴。

本書作者尚－紐曼．杜康吉（1980-）是法國歷史學者，專長為歐洲十九到二十世紀政治與社會史，目前任教於魯昂－諾曼第大學（Université de Rouen-Normandie），是法國重要期刊《當代馬克思》（*Actuel Marx*）的共同主編。在我看來，本書的特色及優點如下：

首先，作者在全書各處皆試圖不帶偏見地看待馬克思，並盡可能澄清某些常見的誤解。比如說：過於簡化的「階級鬥爭」學說、令人望而生畏的「無產階級專政」概念等。

其次，作者提出了自成一格的「輕鬆閱讀《資本論》」的方法。主張從《資本論》第一卷的最後一章〈所謂原始積累〉開始讀，再參照路易．阿圖塞的建議，回到第二篇〈貨幣轉化為資本〉；第一篇〈商品和貨幣〉則留到最後再挑戰。鋪陳完方法後，作者也對《資本論》第一卷做了扼要的解說。但比較可惜的是，未對第二卷和第三卷多加著墨。

第三，作者是歷史學者，因此本書也帶有宏觀的歷史視野，將馬克思的思想如何蛻變為馬克思主義，乃至馬列主義，做了批判性的回顧。作者特別強調，在列寧過世後幾十年間，「全世界無數人和團體，主要都透過馬列主義來認識馬克思」，從而導致太多的誤解，「即便馬克思基進[1]地批評國家與政府，此時的共產主義，卻為一黨獨大的體制提供了正當性」。其中的關鍵，當然是史達林主義的鞏固與擴張。雖然作者並未提及，但我特別推薦讀者研究一下《聯共（布）黨史簡明教程[2]》在中國及其他國家的傳播史，以掌握馬列主義版本的馬克思思想，如何在全世界生根發芽。舉例來說，多數讀者可能以為馬克思提出過「歷史五階段論」，但以下這句話實際上出自《聯共（布）黨史簡明教程》，第一百五十六頁，而非馬克思：「歷史上有五種基本生產關係：原始公社制的、奴隸制的、封建制的、資本主義的、社會主義的。」

第四，作者挑選了幾位馬列主義版本以外的「認真的馬克思讀者」（其中一部份曾擔任政治領導人），包括：對法國社會主義發展貢獻匪淺的尚・饒勒斯、其繼承者萊昂・布魯姆、極具理論原創性的革命家羅莎・盧森堡（「紅色羅莎」）、「奧地利馬克思主義」的代表人物奧托．鮑爾、倡議「不斷革命論」的托洛茨基、以《獄中札記》聞名於世的葛蘭西等，當然還有毀譽參半的毛澤東。讀者不妨按圖索驥，進一步閱讀這些思想家與革命家的文字。

最後，作者積極與當代的馬克思擁護者與批評者對話，如法國知名的托洛茨基派學者米凱爾．洛威，在《鐵籠：馬克斯．韋伯和韋伯版馬克思主義》（*La cage d'acier. Max Weber et le marxisme wébérien*, 2013）等著作中，出現所謂的「韋伯版的馬克思主義」、反對馬克思主義但對馬克思抱持敬意的雷蒙．阿宏、啟發無數社會學研究的皮耶．布迪厄，乃至貌似矛盾的「凱因斯馬克思主義」等。

本書並不是厚重的學術專著，因此可能常讓讀者感到意猶未盡，也未能處理當前國際「馬克思學」最關心的某些議題（如馬克思留下大量未出版的手稿、摘錄與筆記在多大程度上，挑戰了我們對馬克思的理解）。但從入門書的角度來看，本書的結構均衡、涵蓋廣泛，確實能讓讀者較為持平地認識與馬克思有關的理論、歷史與人物。再者，本書的部份對話對象是法國的文獻，這也是台灣讀者較沒有機會接觸到的。整體而言，我十分肯定本書在台灣的出版，故樂於推薦。

是為序。

1「基進」一詞係radical的翻譯，過去多譯為「激進」。但「激進」一詞有「激烈」等負面意涵，容易扭曲radical的原意，且radical的字源為拉丁文的「根」（rādix），有「根本、基本」之意，故譯為「基進」。

2全稱：《全聯盟共產黨（布爾什維克）歷史：簡明教程》由外國文書籍出版局出版，是一九三八年蘇聯出版的史達林主義歷史著作。主要論述全聯盟共產黨（布爾什維克）的歷史，對蘇聯國內意識形態和國際共產主義運動影響深遠，被稱為「共產主義的聖經」和「馬克思列寧主義基本知識的百科全書」。

序言

# 一起重返馬克思

「大革命家在世時，壓迫階級便不斷迫害他，
更以最野蠻的憤怒、最粗暴的仇恨、
最瘋狂的造謠與誹謗來虐待他的學說。
大革命家死後，人們則試圖讓他成為無害的神像，
使他的名字充滿榮耀，以『安撫』並愚弄受壓迫的階級。」

二〇一八年五月五日，世界各地都舉辦了卡爾·馬克思（Karl Marx, 1818-1883）兩百歲冥誕的紀念活動。跟五十年前的一九六八年五月學運一樣，全世界興起一波波的抗議和大型罷工。對左派鬥士而言，這些紀念活動毫無疑問地，都在慶祝馬克思的思想，以及後人對其思想的政治實踐。在法國，雖然仍有些重要節目和出版品，但這次活動卻特別低調，規模也比以往小，而歐洲大部分的國家也有一樣的現象。難道是馬克思退流行了嗎？或者說，變得沒那麼叛逆了？這一切都和一九六八年的景象大相逕庭……

不過，有個例外值得一提：在德國，雖然馬克思和前德意志民主共和國（DDR，或稱「東德」，1949-1989，受蘇聯指揮的國家）緊密相關，但德國人——尤其是左派——仍視他為德國歷史上最偉大的思想家之一。而且，出乎意料的是，在馬克思出生地特里爾市的慶祝儀式上，時任歐盟執委會主席尚—克勞德·榮克（Jean-Claude Juncker, 1945-）發表了一段令人驚訝的演說。榮克的政治立場不大可能贊同馬克思主義，但他仍向馬克思表達敬意：

> 馬克思對世界的詮釋、對人們的建議，以及為我們留下的遺產，都為改變世界產生了巨大的貢獻。不論族裔背景和信奉的宗教，他的思想啟發了許多人。雖說後來有些追隨者，將馬克思打造的價值觀用於攻擊異己，但我們不該認為馬克思應為這些不幸負責（……）馬克思的思想看向未來，創造了全新的憧憬。今天，他卻象徵了一些並非由他負責、或由他造成的事物，只因為他的作品遭到後人扭曲，用於相反的用途……有些人聲稱自己是馬克思思想的信奉者，進而犯下暴行，馬克思並不為此負責（……）我確信，不需要成為馬克思主義者，也可以打擊不公義：堅定的基督教民主主義者也可以，就和我一樣。所有的民主主義者都可以打擊不公義，而且必須打擊不公義。

馬克思變得與其他思想家無異嗎？不同的年代裡，有許多人因應當時的社經局勢而提出「重返馬克思」的想法。榮克的確不害怕《資本論》（*Das Kapital*,

1867）的顛覆性視角。不過，這次慶祝活動有一些矛盾之處：在這樣的紀念儀式中，馬克思在德國成為受人敬重的思想家，但他生前卻被德國流放到國外。然而，這並非什麼新鮮事。二十世紀，馬克思的名字常與俄羅斯革命領導者佛拉迪米爾・伊里奇・列寧（Vladimir Ilyich Lenin, 1870-1924）並列。列寧在一九一七年的名著《國家與革命》（*The State and Revolution*, 1917）一開頭便提及，革命家在死後可以變得多有名——有時還十分諷刺：

> 今天馬克思主義所面臨的情況，歷史上許多革命思想家、為解放而鬥爭的受壓迫階級領導者也都面臨過。大革命家在世時，壓迫階級便不斷迫害他，更以最野蠻的憤怒、最粗暴的仇恨、最瘋狂的造謠與誹謗來虐待他的學說。大革命家死後，人們則試圖讓他成為無害的神像，使他的名字充滿榮耀，以「安撫」並愚弄受壓迫的階級。一旦這麼做，革命思想的內容便被淘空，革命的鋒利刀刃也被磨鈍。（……）人們抹煞和扭曲該思想的革命面向，也就是該思想的革命靈魂，然後只留下資產階

級可以接受的部分，放在第一順位頌揚。

難道這世界上同時存在「好的馬克思」與「壞的馬克思」？無論如何，榮克並非二〇一八年唯一頌揚馬克思的人。該次的演講場合，是為中國政府捐贈的巨型雕像揭幕。部分人士將中國的贈禮視作挑釁。雖說，中國市場改革開放已屆四十年，該國仍宣稱他們依循馬克思主義。此外，近來鼓勵大眾閱讀《共產黨宣言》和《資本論》的政治明星名單中，法國現任總統艾曼紐・馬克宏[1]（Emmanuel Macron, 1977~，二〇一七年起擔任法國總統）赫然在列。二〇一七年五月，他在《ELLE》雜誌的專訪中提到：「我給年輕人的建議：去讀卡爾・馬克思！」馬克思對資本主義的分析，顯然獲得不分黨派的敬重。

顯而易見，要閱讀、理解馬克思的方式有千千萬萬種。不過，每種方式都力圖達成同一件事：更完善地認識馬克思——這位非常重要的思想家。若要好好閱讀馬克思，除了像閱讀宗教經典字斟句酌，還要理解他對後世的多重影響、他的作品與行動所在的時代背景，如此才能形塑自己的看法。馬克思是經濟分析的天才，也是重要的政治思想家。本書回顧馬克思著作中的幾項重點，試圖呈現彼此各異的面向。當然，我們也會納入許多重要的馬克思主義徒子徒孫，說明許多人至今仍嘗試評論馬克思的著作，即便部分評論家的目的，是要削弱其中的顛覆性思想。

## 不帶偏見地閱讀馬克思

在閱讀馬克思之前，我們首先要破除一些廣為散布的偏見。這類偏見很多，最常見的或許是：馬克思主義的內容就是要顛覆國家、甚至是力圖實踐極權國家的中央集權論，而約瑟夫．史達林（Joseph Stalin, 1878-1953）主政下的俄羅斯，就是最明顯的例子！讓我們看看馬克思在一八五二年撰寫的《路易．波拿巴的霧月十八日》（*Der achtzehnte Brumaire des Louis Bonaparte*, 1852），該書是他討論政治的經典大作。針對拿破崙三世的奪權過程，馬克思寫道：

> 這個行政權有龐大的官僚和軍事組織，有複雜而精巧的國家機器，有五十萬名公務員和五十萬名士兵組成的兩支大軍，彷彿寄生蟲恐怖地包覆住法國社會，並塞住所有毛孔。這隻寄生蟲緣起於絕對君主制的年代、封建體制崩毀之際，而牠又進一步加速封建體制的覆滅。

我們還可以舉出更多引言，來說明馬克思對當時官僚體制的強力批判。對於沙皇俄國般的普魯士[2]國家機器，以及普魯士統治下的威權國家，馬克思長期以來，把這些體制視為當年最糟糕的政治制度之一。甚至和前述法蘭西第二帝國的例子一樣，將這些體制描述為「寄生蟲」。

後來，馬克思更進一步提出他對國家的角色、國家在歷史上的功能等看法。馬克思的共產主義從根本上反對國家存在，由於他對政治行使的條件有清楚的認知，因此往往將奪取國家視為優先的基本任務。他繼而創辦史上首幾個工人政黨，作為奪取國家和改變世界的工具。

以上有關國家角色的例子，清楚說明了我們多需要重新仔細檢視馬克思的作品，才能避免扭曲原意。從「階級鬥爭」到「剩餘價值」等概念，還有後世思想家（不只馬克思主義思想家或左派思想家）對這些概念的詮釋，本書將說明馬克思主義的大發現。這門思想啟發了全世界數百萬人，至今仍能為我們解答一些當代的難題。

1 馬克宏為投資銀行家出身，雖然主打「中間路線」（非法國傳統政治的左派或右派。連選前之夜的造勢場合，都刻意選在左右派傳統的造勢地點中間）而勝選，上任後仍常被詬病偏袒富人。此處的矛盾由此而來。

2 普魯士為十八至二十世紀初日耳曼地區的主要大國，於十九世紀主導德意志統一。

# 第一章

# 超越時代的思想家——革命家偉大的一生

「哲學家只是在詮釋世界而已。此後，真正重要的是改變世界。」

馬克思一生的思想，便濃縮在這句精華中。

著名的《共產黨宣言》（*Manifest der Kommunistischen Partei*, 1848）的作者差點就是法國人了。一八一八年，拿破崙帝國倒台的數年後，馬克思在特里爾呱呱墜地。特里爾位於萊茵普魯士[1]，當時法國從德國手上奪走這片領土，此地也施行世界上第一部法國民法典《拿破崙法典》（*Code civil des Français*）。雖說馬克思成長的環境並未充滿革命與示威抗議，但他度過青春的土地上，仍烙印著法國的痕跡：拿破崙和法國大革命從未遠去。一八三〇年，馬克思年僅十二歲，便感受到法國七月革命[2]正影響著歐洲各處，且獲得許多回響。一七八九年，法國大革命的情懷仍持續發展著。

馬克思的父親海因里希（Heinrich Marx, 1777-1838）是改宗新教的猶太人。馬克思本來可以在特里爾過著寧靜的生活，踏上高官顯要的康莊大道。然而，數場邂逅和個人反思，使他做出了不同的選擇。他被哲學與政治思想吸引，先後前往波昂和柏林攻讀學位，博士論文的主題是古代思想[3]。他與所謂的信奉哲學家黑格爾（G. F. W. Hegel, 1770-1831）的「黑格爾左派[4]」親近。黑格爾的思想影響了一整代人，他基進的政治思想，為挑戰資產階級秩序開啟了大門。馬克思在一系列的作品中，提出了「德意志之痛」的概念：德意志地區的政治分裂，以及缺少以「德意志」為名打造國家的觀點，使馬克思懊惱悲傷，進而和許多德意志同胞一樣，離開了出生的故土。

## 相遇恩格斯於巴黎——新世界首都

一八四三年，馬克思抵達了法國首都巴黎——他稱為「新世界首都」的城市。這座革命之城，還保有一七八九年至一七九三年法國大革命的記憶。他在這裡認識了無數位法國社會主義者。這些人對政治的看法各不相同，但都繼承了革命的傳統。馬克思也在這裡開始與德國哲學家弗里德里希．恩格斯（Friedrich Engels, 1820-1895）往來。在此之前，他們倆只在德國見過一次面。一八四四年夏天，馬克思花了很多時間與恩格斯交流，史上最著名的知識分子組合之一（馬克思—恩格斯）就此誕生。恩格斯的背景與馬克思不同，身為工廠廠主的兒子，恩格斯對經濟問題特別感興趣，同時也對經濟理論與哲學的演進興味盎然。恩格斯對馬克思的思想成形有巨大的貢獻，若非他提供大量有關英國經濟狀況的資料，《資本論》也許無法完成。恩格斯還提供了物質上的貢獻，有很長一段時間，若非恩格斯的資助，馬克思根本活不下去。無論從哪個角度來看，「將軍」（恩格斯的外號）的幫助都至關重要。

在巴黎，馬克思為法國大革命的歷史深深著迷。他對人類天性也有大量的反思，撰寫了一系列當時未出版的文章。後世稱這一系列作品為「一八四四年哲學經濟學手稿」（*Ökonomisch-philosophische Manuskripte aus dem Jahre*, 1844），他在其中提出了「異化」（aliénation）的概念。馬克思認為，資本主義抽空了工人的人類特質，將他們轉化為純粹的商品。無產階級、乃至於資本主義制度下的所有人，都遭到異化，不再擁有自己。從這個觀察出發，馬克思提出了一整套批判勞動與工業文明的人類學研究。這是他一生著作的重要概念之一。在《資本論》中，他以更嚴謹、更科學的角度繼續發展這個觀點。

馬克思同時也觀察了工人的起義，進而將從中得到的觀點理論化。他指出，未來的革命將不限於政治層面，還會納入社會層面，並由無產階級主導，就像他

圖1　馬克思及恩格斯在巴黎的攝政咖啡廳交談

認為法國大革命依然影響當時的世界。一八四四年，普魯士治下的西利西亞發生了紡織工人起義[5]。對馬克思而言，該次起義毫無疑問，就是最佳證明，更展現了未來革命的方向：透過挑戰和顛覆資本主義，工人能夠改變人類的歷史。

## 意識形態與受薪階級——培養出革命鬥士！

然而，馬克思在巴黎的日子卻被暴力中斷。法國首相法蘭索瓦．基佐（François Guizot, 1787-1874, 1847-1848任法國首相）對這群鼓動人民、反抗七月王朝的外籍革命家感到厭煩。遭到驅逐出境後，馬克思來到布魯塞爾，並和恩格斯一起撰寫描述他們世界觀和歷史觀的作品《德意志意識形態》（*Die deutsche Ideologie*, 1846）。之後，這本書和其他作品一同「留待鼠輩的牙齒來批判」（典出馬克思《政治經濟學批判》序言。由於出版社拒絕出版，相關原稿確實受到老鼠啃食。）該書從未完成，直到一九三〇年，人們才把它找出來。自此，《德意志意識形態》便成為理解歷史唯物論[6]的必讀之作。這本書也解釋了，為什麼後世對馬克思的作品有那麼多種詮釋：儘管《德意志意識形態》等作品在今日已經名滿天下、經常有人引用，但在列寧等馬克思主義重要人物生活的年代，這些作品都還未出版。在《德意志意識形態》之前，馬克思先撰寫了《關於費爾巴哈的提綱》（*Thesen über Feuerbach*），該著作也是之後才出版。其中最著名的一篇文章，得到二十世紀全世界各地的傳唱：「哲學家只是在詮釋世界而已。此後，真正重要的是改變世界。」馬克思一生的思想，便濃縮在這句精華中。

馬克思在布魯塞爾時期最著名的著作是《雇傭勞動與資本》（*Lohnarbeit und Kapital*, 1847）。該文簡述，他在工人的演講中提及的經濟學概念，呈現資本主義的剝削機制。目標非常明確，就是以清楚明瞭的方式，讓工人了解是誰從現況中獲利；馬克思也試圖說服工人顛覆體制，這是他所有畢生作品的共同點之一：除了經常很難懂的哲學、經濟乃至政治文本之外，他熱切希望，至少讓工人中的菁英鬥士理解自己的思想。對他來說，這是歷史賦予他的責任。他也出版一些供普羅大眾閱讀的精簡濃縮版短文，而培養革命鬥士仍是出版目標之一。前述有關勞動與資本的著作，便是明顯的例子。

## 傾盡一生：從《共產黨宣言》到《資本論》

既然提到了簡短、銳利、充滿革命色彩的作品，我們當然也得介紹馬克思最知名的作品。他從一八四七年開始撰寫共產主義者同盟的宣言，發佈於一八四八年革命的前幾天。之後，該宣言成為全世界最負盛名的著作之一：《共產黨宣言》。值得注意的是，當時這篇宣言並沒有得到太多回響，馬克思只是眾多基進思想家的其中一位。只不過，不要誤解了標題中的「黨」字。這裡的「黨」並非十九世紀開始出現的階層組織，而是一群目標相同的鬥士，組成的非正式團體。

所以目標是什麼呢？馬克思和恩格斯的《共產黨宣言》是討論資本主義最根本的重要著作之一。馬克思在宣言中提出顛覆資本主義的策略，該計畫將由當時一無所有、「只會失去鎖鏈」[7]的無產階級來主導。資本主義在創造大型工業、集中生產模式的同時，也增加了無產階級的數量，更為自己的終結鋪了路。因為遲早全世界所有國家的無產階級，將會團結起來一同反抗。《共產黨宣言》向工人指明了共產主義的政治方向——也就是將大型生產工具社會化（收歸社會所有）。

不過，當時貫穿《共產黨宣言》的革命精神未能實踐，所有革命都遭受強力挫敗，尤其在法國：在路易—拿破崙．波拿巴[8]勝選之前，工人於一八四八年六月起義，很快為革命家帶來了希望。馬克思原先充滿熱情，評論整個起義的過程，後來卻轉為失望。

一八四八年，馬克思短暫受邀到法國。然而，天有不測風雲，失敗的革命又將他從法國趕到德國，而倫敦成為他最終的庇護所。當時，倫敦住著許多因政治緣由而流亡的異議人士，他們都是被歐陸專制國家驅逐的人。除了幾次旅行外，馬克思都待在倫敦，直到過世為止。他其中一部重要著作——總結一八四八年法國二月革命的整個過程——也就是《路易．波拿巴的霧月十八日》。該書發表於一八五二年初，馬克思以拿破崙年代的史家傳統，仔細評價每一位沉浸在偉大回憶中的法國革命家。對他而言，必須終止懷舊才能看向未來，繼而迎向由無產階級引領的全新革命，而不是重演一七八九到一七九三年間的舊事：

> 十九世紀的社會革命不應該從過去，而該從未來汲取自己的詩意。在完全擺脫過去的迷信之前，不該開始新的革命。過去的革命需要模糊不清的歷史記憶，才能隱藏自己的過去。十九世紀的革命應該為了完成自己的目標，讓亡者埋葬他們自身的死亡。
>
> ——《路易・波拿巴的霧月十八日》，一八五二年

馬克思對法國社會主義者的另一項重大批評，是他們對政治經濟學缺乏興趣。他在一八四七年，直接以法文書寫並出版《哲學的貧困》（*Misère de la philosophie*, 1847），馬克思激烈地批評，法國互助論經濟學家皮耶—約瑟夫・普魯東（Pierre-Joseph Proudhon, 1809-1865）。馬克思認為，普魯東並未對工業資本主義的多樣變化，提出深刻且精細的分析。

馬克思用盡一生，直到嚥下最後一口氣前仍在撰寫，以填補這塊不足的巨作：《資本論：政治經濟學批判》。該書許多重要的基礎，早在一八五九年的

圖2　1848年在科隆的馬克思，
他當時在《新萊茵報》[9]撰寫與革命相關的報導和評論

《政治經濟學批判》（*Zur Kritik der Politischen Ökonomie*）中提出。他經常在倫敦的大英圖書館撰寫《資本論》，第一卷於一八六七年在德國漢堡出版。為了完成這本書，他蒐集大量有關英國資本主義發展的資料，時間範圍從資本主義的起源，一路到他生活的時代。馬克思從中得出，許多可用於了解政治經濟體系變遷的重要概念（見第三、四章）。

## 從英國到德國——政治鬥士馬克思

成為政治經濟學評論家與圖書館常客之後，馬克思並未淡出政治舞台。一八六四年，他和一些夥伴主導成立「國際工人協會」（International Workingmen's Association，IWA），也就是後世所稱的「第一國際」。第一國際成立於倫敦的聖馬丁堂，目的是協調全歐洲所有社會主義信奉者的行動。該協會使用許多馬克思撰寫的文稿，其中最有名的一句話就是：「工人的解放，應由工人自己爭取[10]。」

多美好的一句話！可惜涵義比字面上的意思還模糊。由於成員無法在達成解放的方式取得共識，第一國際很快便分裂了。雖然每個人都同意，工人應參與革命過程，但也很快出現分歧：馬克思等人堅持捍衛結構化、集中化的組織架構；但普魯東等人偏好聯盟性質的架構；而俄國革命思想家米哈伊爾・巴枯寧（Mikhail Bakunin, 1814-1876）甚至大力支持無政府式的架構。此外，工人該為了表達特定政治立場而罷工嗎？女性在社會衝突中應扮演什麼角色？應該支持受帝國壓迫的民族嗎？協會內部對每項主題都有歧見，最終於一八七〇年初解散。

繼一八四八年的革命後，第一國際顯然是馬克思生平中第二大的政治挫敗。不過，此時的另一起事件也重新給予他希望，雖然這個事件本身也以悲劇收場，那就是一八七一年的「巴黎公社」（la Commune de Paris）。一八七一年三月至五月的數周之間，巴黎被一群政治意見各異的起義人士掌控。馬克思從許多不同消息來源得到資訊，在一篇名為〈法蘭西內戰〉（*The Civil War in France*）的第一國際宣言中，他針對巴黎公社寫了數十頁的文章。一八四四年，他忽然有個直覺，認為無產階級革命勢必會到來。雖然巴黎公社挫折重重，卻讓他更確認了這個想

圖3　1864年馬克思在倫敦參與第一國際的創立

法。在公社中，馬克思看見了無產階級全新的革命希望，並總結道：

> 巴黎的工人階級和巴黎公社，作為新社會的光榮先驅，將會永世受到崇敬。有關公社烈士的回憶，將虔誠地保存在工人階級的心中。歷史已將殲滅公社的人，釘在永恆的處刑柱上，無論他們的神職人員怎麼禱告，也無法解救這些人。
>
> ——〈法蘭西內戰〉

很快地，一八七〇至一八七一年間，各種革命遭遇了雙重失敗。首先，德國以威權的形式——而非一八四八年革命對於民主與社會的理想樣貌——在普魯士的領導下統一。一方面，雖說德國統一使工人運動得以發展，但普魯士的政權形式，必然不能讓工人運動茁壯。另一方面，巴黎公社雖為史上第一場無產階級革命，之後卻遭到根除，而歐洲各地相似的運動也無法生存下來。

馬克思在倫敦密切關注德國工人運動的發展。不過，畢竟距離德國太遠。他經常苦惱，自己想推廣的理論和政治選項，被大眾普遍接受還有一大段距離。

一八七五年，他撰寫了一系列文章，批判德國工人政黨合併綱領的內容，後世為這系列文章取名為《哥達綱領批判》（*Kritik des Gothaer Programms*, 1875）。文章講的是什麼呢？一八六三年，德國政治家斐迪南．拉薩爾（Ferdinand Lassalle, 1825-1864）在萊比錫創立了第一個德國工人政黨。拉薩爾和馬克思都認為必須維護工人利益，而建立自治的專門組織，但他們卻因為對國家的看法不同，最終分道揚鑣。拉薩爾認為國家可以逐步改革，所以他嘗試與公權力保持友好關係；馬克思則將基進的全面性顛覆，視為首要目標。不過，搶先成立第一個工人政黨的人，就是拉薩爾。後來，在一八六九年，德國社會主義者威廉．李卜克內西（Wilhelm Liebknecht, 1826-1900）和奧古斯特．倍倍爾（August Bebel, 1840-1913）率領一群馬克思的支持者，創建了一個政黨。根據馬克思的說法：「踏出第一步，比擬定一千個計畫有價值」，因此這兩個政黨決定放下歧見、共謀合併，這就是一八七五年哥達會議的目標（哥達位於東德的薩克森邦）。在馬克思看來，哥達會議擬定的合併綱領，浸滿了拉薩爾的意見：太過於主張國家干涉、太依賴馬克思認為不必要的法律形式、不夠革命性等。不過，馬克思本人距離德國太遠，無法輕易影響當地政治領導人的看法。而參與哥達會議的人，則打算忽視馬克思的批判。三年後的一八七八年，德意志帝國總理俾斯麥（Otto Eduard Leopold von Bismarck, 1815-1898）禁止了社會民主黨派的大多數活動。馬克思將所有希望投入這次工人運動，但這場運動的未來看似黯淡無光。

## 最後的戰役——晚年的馬克思

在他生命的最後幾年，馬克思最大的願望是完成《資本論》，但最終只來得及出版第一卷。他過世之後，好友恩格斯接下第二、三卷的草稿，出版成書。

馬克思同時有多項寫作計畫，許多他生前未完成和出版的手稿，便這麼流傳下來。例如，他曾著手撰寫世界史的大型計畫。在這個寫作計畫中，他將目光放到了先前較少注意的地帶。《共產黨宣言》中並未提及的非歐洲民族，自此得到了他的注目。舉例來說，馬克思長期將俄羅斯描寫為野蠻帝國、反動派的象徵，但俄羅斯卻在他的世界史中，占了前所未有的重要地位。俄國傳統的社群形式「村社」（mir）保有前資本主義時代的平等傳統，令馬克思深深著迷。他認為未來的革命，或許可以應用村社的概念，來取代西歐資本主義令人痛苦的經濟制度。馬克思並未預期一九一七年的俄國革命，卻在晚年發現，沙皇俄國對社會主義歷史的重要性。

對西方大國的政治發展失望之後，馬克思致力於尋找新方向和新地方，以實踐畢生的理想。不過，他也沒有放棄參與法國、英國和德國的政治，這些國家後來被稱為「馬克思主義的三個來源」：法國的革命政治、英國的政治經濟學和德國的哲學。這也反映在他參與法國第一個工人政黨的角色中。一八八〇年，保羅・拉法格（Paul Lafargue, 1842-1911）和茹爾・蓋德（Jules Guesde, 1845-1922）等幾名法國社會主義者，到倫敦拜訪馬克思，請他協助撰寫黨綱。這份黨綱的動機充滿了馬克思的特色。只不過，這個工人政黨日後又分崩離析成不同的小團體。但我們可以明確發現，晚年的「後期馬克思」追尋的是全新的目標：一個不限於歐洲，而是世界性的觀點。

馬克思逝於一八八三年，他鬥士般的一生，似乎並未給當時的歐洲帶來什麼劇烈影響。德國總理俾斯麥對社會民主主義下達禁令、沙皇繼續統治俄國、法蘭西共和國依舊屬於資產階級。雖說他的思想仍有一定程度的影響力，但此時仍未觸發任何重要的歷史進程。這將是未來馬克思主義者的努力目標。這些馬克思思想的繼承人，對這位思想家著作的信奉程度不一，但都努力將馬克思的思想，套用到他們所屬的年代和環境。我們稍後會回來檢視這些馬克思主義者。

---

1 萊茵普魯士：現今的德國北萊茵—威斯伐倫、萊茵蘭—普法爾茨和薩爾蘭等邦，其中特里爾位於薩爾蘭邦。

2 法國七月革命：法蘭西第一帝國（拿破崙帝國）一八一四年垮台後，波旁王朝復辟，但專制作風不得民心，法國人遂於一八三〇年七月再次發起革命，該次革命更影響比利時、德國、義大利、希臘等地。

3 準確來說是希臘哲學，題名為《德謨克利特的自然哲學和伊比鳩魯的自然哲學之區別》（*Differenz der demokritischen und epikureischen Naturphilosophie*, 1841）。

4 「青年黑格爾派」（Junghegelianer）又稱「黑格爾左派」（Linkshegelianer），指黑格爾逝

世後，黑格爾學派的分支之一。當時，「老黑格爾派」（Althegelianer）或「黑格爾右派」（Rechtshegelianer）試圖以黑格爾的思想合理化拿破崙戰後的保守政治態勢。而青年黑格爾派反對此觀點，認為應將黑格爾的「理性」觀點用於批判當時的保守局勢。馬克思和恩格斯年輕時都參與過青年黑格爾派的活動。

5 十九世紀三〇年代末起，德國無產階級所受的政治經濟壓迫，遠比英國和法國的無產階級更為嚴重。因此德國工人投入鬥爭時會表現出強烈的革命性。一八四四年，西利西亞紡織工人起義是這個時期的德國無產階級最突出的革命鬥爭。

6 歷史唯物論（Historischer Materialismus）是馬克思思想的中心概念，認為人類社會及體制（如宗教、法律、道德等）皆由社會整體的經濟活動所形塑。

7 語出《共產黨宣言》。

8 路易—拿破崙．波拿巴（Louis-Napoléon Bonaparte），法蘭西第二共和總統，後來第二帝國的拿破崙三世皇帝。

9 全稱《新萊茵報：民主派機關報》，一八四八年由馬克思和恩格斯在德國工業中心科隆共同創刊，為世界上最早的馬克思主義報紙。同時也是德國和歐洲無產階級革命民主派機關報，以及一八四八年到一八四九年，德國民主革命中最著名的民主派左翼報紙。

10 典出〈國際工人協會臨時章程〉。

第二章

# 馬克思眼中的歷史：竟是滿滿的階級鬥爭？

「不可能發生的政治革命，有著吸引人的成熟葡萄。
對那些著迷於革命、關注著革命，
卻因革命不可能發生而惱怒的人而言，
這些成熟葡萄便成為了難以消化、令人厭惡的酸葡萄。」

> 至今所有的社會史，都是階級鬥爭的歷史。
>
> 自由人和奴隸、貴族和平民、領主和農奴、行會師傅和幫工，簡單來說，就是壓迫者與被壓迫者。他們處於永恆的對立，進行著不中斷、有時公開、有時隱蔽的鬥爭。鬥爭的結局，有時是全社會的革命性轉變，有時是兩個階級同歸於盡。（……）
>
> 現代的資產階級社會從封建社會的殘餘中崛起，而它並沒有消除階級對立。新的社會只是以新的階級、新的壓迫條件、新的鬥爭形式來取代舊的。
>
> ——《共產黨宣言》，一八四八

這些段落來自《共產黨宣言》的開頭，說明了馬克思的中心思想：不論過去或今日，歷史都是階級鬥爭的產物。如果不仔細檢視這種「階級鬥爭」（Lutte des classes），我們便無法理解馬克思的政治路線和著作，尤其是《資本論》。

階級鬥爭的意思是什麼呢？正式來說，定義十分簡單。在特定時間點，個人主要因他們在生產模式中共同的位置而團結、組成群體（以工業化時代為例，工廠的工人人數愈來愈多，且愈來愈集中於同一地點），認同彼此具有勞動條件等共同利益。他們的處境促使發展出共同的意識形態，組成可視作「階級」的同盟。然而，不同階級相異的利益經常矛盾，這就是階級鬥爭的來源。馬克思著重指出，十九世紀形成的工人階級與資產階級嚴重對立，並在《資本論》中，嘗試理解該對立的所有經濟基礎。為了戰勝資產階級，工人階級必須熱烈地鬥爭、揚起革命大旗，目的在於顛覆為壓迫者服務的國家體制。至少到一八七〇年代，這都是馬克思最堅信的信念。階級鬥爭必然產生的結果之一，就是社會及政治的變化。《路易・波拿巴的霧月十八日》中有句著名的比喻，將革命形容為「歷史的火車頭」。未經革命的階級鬥爭也可能存在，但在這種情況下，資本主義的矛盾仍會顯現，只是時間發生早晚的問題。

## 自在階級與自為階級

值得注意的是，馬克思明確區分出「自在階級」（classe en soi）與「自為階級」（classe pour soi）。這個區別是後來馬克思主義者之間諸多爭議的焦點。這項區別源自《哲學的貧困》一書，馬克思在書中強烈反對法國社會主義者普魯東提出的概念：

> 經濟條件先將大量的農人轉變為工人。資本主宰的體制，為這些人創造了共同的處境和利益。因此，這些人已經成為一個相對於資本的階級，但還不是自為階級。在鬥爭中（目前只提到鬥爭的幾個階段），這群人團結在一起，形成自為階級。他們捍衛的利益便成為階級的利益。而階級之間的鬥爭則成為政治鬥爭。

自在階級的存在，奠基於階級成員在經濟領域中的位置，與整個政治體制無關。若要變成自為階級，必須踏出關鍵的一步，就是馬克思畢生力圖的目標：「在意識形態和政治層面，組織起來打倒資本主義。」這就是現代社會主義和共產主義政黨的起源之一。

儘管提及了這些定義，務必指明一件事：馬克思從未給出定義來說明階級鬥爭的概念，使後人提出無數詮釋、彼此不斷辯論。自從馬克思過世後，經過數十年的研究，學界（主要是社會學界）對於這段至今爭議不斷的階級鬥爭描述，已經提出更精確的不同版本，有時還與原先的版本截然不同。

## 馬克思：「我可沒有發明階級鬥爭！」

只要你想理解馬克思階級鬥爭概念的發展過程、他向哪些前人借用概念、為何該概念成為其著作的中心，就必須了解馬克思並未抽離他的時代：馬克思思想中，有關社會與政治世界的內容，皆奠基於許多前人的成果。

對很多人來說，馬克思無庸置疑就是「階級鬥爭是歷史的引擎」概念的發明者。提到馬克思和馬克思主義者的人，一定會提到階級鬥爭。在政治中也很明顯，階級鬥爭的概念只由左派、甚至極左派提及。然而，從歷史的角度來說，這完全是錯誤的。這也是為什麼我們必須了解馬克思思想發展的途徑。

在一八五二年，一封給密友約瑟夫．魏德邁（Joseph Weydemeyer, 1818-1866）的信件中，馬克思承認自己受到許多前人的影響。同年，一八四八年二月啟動的革命進程，也正邁向終結[1]。

> 就目前我所知的範圍，發現當代社會階級存在的人並非是我，發現階級帶來鬥爭的人也不是我。在我之前，資產階級的歷史學家已經完整說明階級鬥爭的歷史演進，而資產階級的經濟學家也進行了經濟學的剖析。由我提出的全新概念是：
>
> 指出階級的存在，只與生產發展的特定歷史階段相關；
>
> 階級鬥爭必然會帶來無產階級專政；
>
> 這種專政只不過是達到消滅所有階級後，進入無階級社會的過渡期

罷了。

——《馬克思恩格斯書信集》第二卷，社會出版社（*Correspondance, tome 2*）

首先，馬克思引用的這些「資產階級歷史學家」（該詞在此不一定是貶義）是誰呢？他暗示的是一八二〇到一八三〇年間，首先以階級衝突觀點來記錄歷史現象的學者。當然，這些學者並未與馬克思擁有相同的社會主義視角，但仍提供不少貢獻，可作為面臨對手時的理論武器。這裡說的對手最少有三位：基佐、阿道夫・提耶赫（Adolphe Thiers, 1797-1877）和奧古斯丁・提厄希（Augustin Thierry, 1795-1856）。前兩位的身分值得一提。基佐是七月王朝路易菲利浦國王的首相，是信奉秩序的保守主義者，和馬克思完全沒有共通點。提厄希也是，即便曾是社會主義哲學家克勞德—亨利・聖西門（Claude-Henri de Rouvroy de Saint-Simon, 1760-1825）的祕書，卻從未傾向社會主義的信念。至於提耶赫，他是自由主義者和秩序擁護者，更是一八七一年下令鎮壓巴黎公社的負責人，普遍認為他是徹頭徹尾的中間主義者。換句話說，這三人的意識形態和馬克思相差甚遠。可是，這三人卻為馬克思的歷史反思帶來重要視角，尤其是對英國革命（一六四九年第二次內戰、一六八八年光榮革命）和法國大革命（主要為一七八九年至一七九四年）的反思。他們都將這些現象，理解為貴族與資產階級間的衝突。

一八四三年至一八四五年，馬克思住在巴黎的這段期間，開始熟悉這三人的作品，並決定借用他們對革命的想法，以了解現代世界。階級鬥爭便成為武器，專為新的壓迫階級——無產階級——所用。

試圖隱藏階級對立的人都應受到譴責，即使是革命派人士也一樣。在一篇描述一八四八年的法國二月革命前幾周過程的長篇文章中，馬克思寫下了這段文字。與其他不相信階級衝突的社會主義者相較之下，這篇文章明確顯示了，階級鬥爭在馬克思思想中的重要性：

> 這麼輕易地撇開階級對立不談、一邊訴諸情感、又一邊調和對立階級間的利益衝突，這麼情緒高昂地想要超越階級鬥爭，使得「博愛」成

> 為二月革命真正的口號。人們之所以分裂成階級，僅僅是誤會罷了。二月二十四日，法國浪漫主義詩人阿爾方斯・德・拉馬丁（Alphonse de Lamartine, 1790-1869）描述臨時政府為「消除不同階級間可怕誤會的政府」。巴黎的無產階級因此沉醉在慷慨大方的博愛之中。
>
> ——《一八四八至一八五〇年的法蘭西階級鬥爭》（*Die Klassenkämpfe in Frankreich 1848 bis 1850*）

馬克思的意圖很明確：必須找出到底是誰用空洞的論述隱藏了階級對立。不過，馬克思並非唯一以階級鬥爭理解一八四八年法國二月革命的人。思想家兼政治人物亞歷西斯・托克維爾（Alexis de Tocqueville, 1805-1859）驚懼於民眾日益高呼對平等的訴求，在一八四八年革命期間，也寫下了階級鬥爭無可避免的文章，不過結論與馬克思大不相同。一八四八年六月二十四日，托克維爾寫了一封信給保羅・克拉摩根（Paul Clamorgan），當時巴黎正發生工人起義，正是階級間的戰爭真實出現在歷史舞台上的時刻：

圖4　1843到1845年在巴黎
馬克思開始研究基佐、提耶赫和提厄希的作品

> 別聽信那些人不斷重複的話，說什麼在工人階級之上的一切階級，皆無法且不值得統治、至今世界上的財物分配都不公平、財產分配的基礎並不平等。當這些想法已經深植人心、當這些想法已經廣為散布、當這些想法已經深入大眾，請不要相信什麼工人階級遲早都會帶來——我不知道什麼時候、我不知道他們會怎麼做——工人階級遲早都會帶來最可怕的革命。各位，這是我最深處的想法：我相信，我們沉睡的這個當下，就是火山即將噴發的時刻，我真的如此深信著（……）這不是暴動，這是最可怕的內戰、階級之間的內戰，這是一場一無所有的人對上家財萬貫的人的內戰。

這是否意味著馬克思的作品其實……並不怎麼原創呢？事實上，他在十分獨特的情境下使用階級鬥爭的概念，如同他寫給魏德邁的信件。對馬克思而言，階級鬥爭最終一定會帶來無產階級專政，也就是邁向無階級社會的第一步。這點和

圖5　1848年起義的巴黎工人

提耶赫、提厄希大為不同，後兩人竭盡全力對抗此觀點。

「專政」一詞可能震撼了一些讀者，難道馬克思認為「專政」是唯一可能的政權形式嗎？切勿誤解馬克思。首先，這是一封信，不是公開的政治宣言或政綱。再來，馬克思所謂的「專政」具有雙重意義，與我們現在所熟知的「專政」不同。今日的「專政」一詞只有負面的意味：以政治手段鎮壓反對者、剝奪自由、無限權力等。在馬克思的時代，他選用了這個詞更古老的意思：就是古羅馬政務官的「專政」。當時的「專政」是指，在面臨非常情況時，依法暫時剝奪人民的自由，但此措施不會一直持續下去。馬克思在著作中很少使用「無產階級專政」的說法，也從未真正定義這詞彙。顯然對他而言，該概念的重點，是將所有權力集中至受壓迫的無產階級手上，也就是大多數人、而非少數人手上，才能進行針對壓迫者的全面階級鬥爭。因而，「專政」在當代的意思，會讓人聯想到不同的內容，無產階級專政其實是某種基進民主。總結來說，我們不能避免階級鬥爭暴力的一面，但這不是馬克思所謂「無產階級專政」的唯一面向。

至於信中提及的「無階級社會」，則是自中古世紀以來便存在的烏托邦幻想，想像平等社會的存在。十九世紀的許多社會主義者，幻想著一個全新的世界，階序和階級都只是遙遠的記憶……之後恩格斯也提到，他想把國家變成人們可以在博物館中，以許多形式觀看的展品，但這展品在博物館外已不存在！在《哲學的貧困》中，馬克思甚至預想了革命結束之後，所有政治的結局：

> 在發展的過程中，工人階級會以一個去階級與階級對立的組織，來取代舊的資產階級社會。此後將不再有任何政治體制，因為準確來說，政治體制就是文明社會中，階級對立的官方產物。
>
> 在這個結局到來之前，無產階級與資產階級間的對立，仍是階級間的鬥爭，一旦達到最激烈的時候，便成為全面革命。這麼說來，一個建立在階級對立的社會，最後以劇烈的矛盾、人們的互鬥作結，難道值得驚訝嗎？

在此，馬克思和無政府主義者有相同的理想，也使某些評論家認為，馬克思的中心思想其實是無政府主義，並以其他馬克思的反國家文章作為證明。然而，馬克思的政治參與歷程，說明了這種詮釋並不正確。對馬克思而言，階級鬥爭便是種政治鬥爭，而奪取政權是必經之路。即使他想像出一個沒有矛盾和衝突的社會，但事實上，他的思想從未提及政治鬥爭的終結。

## 革命終將近了……這難道是寓言故事？

階級鬥爭與歷史唯物論息息相關。馬克思認為，物質利益在歷史事件的過程中，占有決定性的地位，而社會鬥爭則是歷史事件中最明顯、最具決定性的面向。他和恩格斯主要在《德意志意識形態》中說明此概念。

雖說該概念自稱具有普遍性、適用於任何時代和地點，但也不能忘記它是從德國的歷史脈絡中得出。因此，我們也能將「無產階級革命即將到來」的唯物論概念，視作對母國政治十分失望的德國人專屬的結論。畢竟，當時的法國早已是革命大國。

德國研究學者呂西安・卡爾維耶（Lucien Calvié, 1946-）提出一個說法，認為法國寓言故事家尚・德・拉封丹（Jean de La Fontaine, 1621-1695）的《狐狸與葡萄》（*Le Renard et les Raisins*）[2]寓言詩，是理解德國人這項特點的絕佳比喻。也能用於理解為何馬克思會在德國的歷史脈絡中，發明無產階級革命的概念。總的來說，馬克思從一八四三至一八四六年，開始提倡的新革命形式，不就是「理想革命的全新化身，作為在德國不可能發生的政治革命的替代品？」（引自卡爾維耶）。或者繼續沿用拉封丹的寓言：「不可能發生的政治革命，有著吸引人的成熟葡萄。對那些著迷於革命、關注著革命，卻因革命不可能發生而惱怒的人而言，這些成熟葡萄便成為了難以消化、令人厭惡的酸葡萄。」（引自卡爾維耶）法國大革命結束了，我們想像德國即將發生的全新革命：這是場社會革命、無產階級的革命，會比法國大革命走得更遠。一七八九年，歷史並未青睞德國，大革命降臨在法國。而馬克思相信十九世紀的革命，將發生在德國。

## 馬克思：社會衝突的思想家兼謀略家

階級鬥爭並非片面、二元或只有一個意義。馬克思十分投入實際的政治運作，不可能忘記階級鬥爭涉及階級間的結盟策略——至少是短期的結盟。仔細閱讀他的時事文章（而非更普遍、更理論的著作），便能知道結盟策略對馬克思的規劃有多重要。

從一開始，馬克思的歷史賭注，正如《共產黨宣言》所生動說明的那樣，就是資產階級與無產階級間的兩極分化。不過，社會演化的階段並非普世皆然，所以馬克思必須試著思考，社會階級之間因不同情況而組成的同盟。德國一八四八年革命期間，馬克思對結盟策略十分有興趣。

和法國一樣，對馬克思而言，一八四八年的德國革命無疑也是場階級鬥爭。但究竟要怎麼做，革命才能在當時的情況下順利進行呢？他在自己主導的刊物《新萊茵報》中表達了看法。馬克思認為，德意志地區（當時仍是無數未統一的小型邦國）在政治層面上過於分裂，經濟發展也不足（與英國相比，資本主義在德國較不發達）。因而，資產階級和無產階級間難以發生階級鬥爭。所以，這兩個階級應該形成共同陣線，面對共同的敵人：封建及君主的古老世界。只要封建及君主制度尚未消失，就有必要和資產階級民主派結盟。一八五〇年，馬克思和恩格斯在總結一八四八年革命時，再次說明這項觀點：

> 德國的小資產階級民主黨派十分強大。該黨不只接納城市中大多數的資產階級市民、工業產品的小型商販和手工業師傅，黨員中還有農民與鄉村的無產階級。其中，鄉村無產階級仍未獲得城市中自治無產階級的支持。
>
> 革命派工人政黨對小資產階級民主派的態度如下：對於革命派工人政黨要推翻的派系，便和小資產階級民主派同行。當小資產階級民主派想要鞏固自己的地位，革命派工人政黨便打壓他們。
>
> ——〈共產主義者同盟中央委員會告同盟書〉一八五〇
> （*Ansprache der Zentralbehörde an den Bund vom März 1850*）

馬克思此處的態度，和為了達成目的而願意妥協的政治人物一樣。對他而言，在特定情況下，革命派仍然可以加入較大的民主派盟軍。

## 那農民怎麼辦咧？

我們至今的討論焦點都聚集在資產階級、無產階級、工業化等。在馬克思的規劃下，這些要素會各自分工，一同打倒封建及君主的舊世界。然而，在馬克思的時代，歐洲大多數地方的居民都是農民，而主宰這些地方的都是農村社會。在法國的確如此，以全世界來說更為明顯。當然，工業化和都市化的英國正引領潮流，而當時的舊農村世界，似乎正戲劇化地持續衰弱。然而，當時什麼事情都還沒發生。

考慮到這一點，人們偶爾會強調馬克思蔑視農民。對馬克思而言，農民是個衰弱中階級，更是反動派與封建舊世界的象徵。有時，他會以刻薄的語氣描述農民。以下文章描述，農村社會如何在一八四八年十二月襄助路易－拿破崙．波拿巴勝選，把自己獻給未來的拿破崙三世皇帝的同時，也埋葬了大城市裡革命派工人的希望。農民是個無法悍衛自身利益、毫無羞恥地任由當權者決定其命運的典型階級：

所以法國廣大的國民，是由一群簡單數值相加而成，就像馬鈴薯袋中的一顆顆馬鈴薯。數百萬的農民家庭生活，彼此相隔遙遠的經濟條件，他們的生活方式、利益和文化與社會中的其他階級不同，農民自身便形成一個階級。但因為固守小塊土地的農民之間，只有地域上連結，共同利益並未使他們置身任何共同的社群之中。既沒有全國的連結，也沒有政治組織，所以又不屬於一個階級。這就是他們無法捍衛自身共同利益的原因，只能透過國會或國民議會。他們無法代表自己，只能被代表。代表他們的人必須同時表現得像主人、像絕對權威或絕對的政治權力，保護他們不受其他階級侵犯，並從高處給予雨水與陽光。因此農民的政治影響力，只能透過絕對權力來宰制社會才能發揮。

——《路易．波拿巴的霧月十八日，一八五二》

圖6　1860至1870年法國的農村景象

農民便是無法成為自為階級的典型階級。不過，馬克思也反思了自己的觀點，最終否認，農民是革命派得保持敵意的反動群眾。馬克思晚年著迷於俄國歷史。一八八二年一月，在他過世的前一年，他在俄文版的《共產黨宣言》新序言中提到：

> 不過，俄國（……）大多數土地是農民的共有財產。那麼，試問俄國的「公社」（obshchina）這種已遭到大規模破壞的古老土地共有制，是否能直接作為最高級的共產主義土地共有制呢？或者必須和西歐的發展歷程一樣，先解體這種制度呢？今日最可能的解答是：如果俄國革命成為西歐無產階級革命的信號，且兩個革命都宣告成功的話，俄國的土地共有制度，便能成為共產主義發展的起點。

馬克思再度修正他在一八四八年最樂觀的預言：傳統農村未來也可能成為共產主義。我們必須依據地點與脈絡，以多種角度來理解階級鬥爭。要理解階級鬥爭，並沒有單一或確切的理解方式，而且也是思考社會與政治有多複雜的一種方法。

1 意指一八五二年，法國第二共和總統路易波拿巴稱帝，為拿破崙三世。
2 狐狸摘不到葡萄，便宣稱葡萄一定是酸的。即「酸葡萄心理」的典故。

第三章

# 用來理解或對抗資本主義的《資本論》

「馬克思的全新科學方法建立在，
從德國批判哲學發展出的工具，
來檢視英國的古典政治經濟學，
以闡釋法國邁向烏托邦的革命衝動。」

恩格斯曾評論好友馬克思的《資本論》：「對工人而言，自從資本家與工人出現以來，從沒有任何一本書跟這本書一樣重要。」恩格斯更將這本書稱為「工人階級的永恆聖經」。

然而，要閱讀這本著作卻非常不容易！從討論商品的段落起，讀者便會面臨複雜的文句，包含抽象概念及大量數據，閱讀變得非常痛苦。難道說《資本論》並不會讓人了解資本主義，反而變得更難理解？

事實上，有許多閱讀《資本論》的方法，有些章節比其他章節容易懂。我們會簡介《資本論》第一卷的幾項重要概念，並以馬克思本人的文字補充。《資本論》第一卷很重要：這是馬克思生前唯一出版的一卷。他在倫敦撰寫本書，一八六七年在漢堡出版。即使早在生前出版的草稿《政治經濟學批判大綱》，馬克思就寫過相關內容，但《資本論》的寫作，遠比他事前想的龐大複雜。該書許多概念早在一八五九年出版的《政治經濟學批判》中提及，最著名的就是下層建築（經濟基礎），決定上層建築（意識形態）的強烈關係。馬克思在《資本論》

第一卷中重新詳述這個概念：

> 社會的經濟結構是打造上層建築的真正地基，也是決定社會意識形式（或稱智識概念）的基礎，而（……）物質生活的生產方式制約了社會、政治和精神生活的整個過程。

下層建築指所有和生產有關的事物，尤其是生產工具（器具、機械）和生產的關係（無產階級、資產階級等社會階級）。上層建築則指一切非物質的事物，如某時代的主流思想、法規、宗教、典章制度等。

馬克思提議同時思考這兩項概念。今日看來或許稀鬆平常，但當時並非如此。這個詮釋看起來相當機械論（一種用於理解政治的經濟學看法，例如每種政治派別，都對應到一種社會階級），且部分馬克思主義者也不否認這一點。不過《資本論》提出的假設遠比機械論複雜，不能輕易地二元對立。

圖7　馬克思在大英圖書館撰寫《資本論》

教你輕鬆閱讀《資本論》

簡要說明《資本論》的每卷內容：第一卷自英國出發，探究資本主義的生產模式。第二卷專注於交換的關係。第三卷的重點在於經濟危機與利潤率，兩者都與剝削工人密切相關。雖說第一卷篇幅有限，但還是提供了重點，讓我們理解馬克思主義如何分析十九世紀成形的資本主義機制。日後，德國社會主義者卡爾・考茨基（Karl Kautsky, 1854-1938）以《剩餘價值理論》（*Theorien über den Mehrwert*）為題，在一九〇五至一九一〇年間出版馬克思的經濟學史手稿。人們偶爾稱該書為《資本論》的第四卷。考茨基是馬克思主義的重要推手，他是繼恩格斯之後最具權威的馬克思的編輯，號稱「馬克思主義的教宗」，我們稍後會提及。

法國學者路易・皮耶・阿圖塞（Louis Pierre Althusser, 1918-1990）以與《資本論》有關的文集《讀資本論》（*Lire le Capital*, 1965）聞名，他建議不要照章節順序讀這本名著……以免遭遇挫折！這就是《資本論》的矛盾之處：此書應該成為工人階級的鬥爭工具，卻只有一小撮菁英鬥士讀得懂。事實上，《資本論》的讀者是能夠理解內容的人（思想家或老練的鬥士），再由這群人將書中主要理念傳達給工人。

阿圖塞主張不要從第一篇開始讀。以下是他在一九六五年《讀資本論》第一卷序言中的建議，直到今日仍相當有用，以概括實用的方式介紹《資本論》章節：

我強力建議下列閱讀方法：

1. 首次閱讀先跳過第一篇〈商品和貨幣〉。
2. 從第二篇〈貨幣轉化為資本〉開始閱讀。
3. 仔細閱讀第二、第三篇〈絕對剩餘價值的生產〉和第四篇〈相對剩餘價值的生產〉。
4. 跳過第五篇〈有關剩餘價值的新研究〉。
5. 仔細閱讀第六〈工資〉、第七〈資本積累〉、第八篇〈原始積累〉。

6. 最後，非常仔細地閱讀第一篇〈商品和貨幣〉。還要記得，即使先閱讀其他篇，如果沒有足夠深入的解說，這篇還是非常難懂。

我們可以進一步推敲這點矛盾，建議讀者從《資本論》第一卷的最後一章，開始讀會比較容易。〈原始積累〉的章節，包含資本主義發展的生動敘述。與討論商品的第一篇相比，技術細節較少，也較不複雜。馬克思討論資本主義長期發展的第一步，便是回到中世紀和現代社會，描寫中世紀晚期開始不可思議的革命：

建立資本主義最初的革命，源起自十五世紀後半葉到十六世紀初。由於大量封建家臣遭到解散（蘇格蘭著名的雅各布主義者詹姆斯．斯圖爾特爵士〔Sir James Steuart, 1712-1780〕指出，這些家臣「充斥在城堡和房屋中」），大量無家可歸的無產階級突然被拋向勞動市場。雖然王權（也是資產階級發展的產物）在追求絕對權力的同時，以暴力手段加速家臣的解散，但王權並非唯一的原因。與王權和議會公開對抗的大地主，透過奪取農民的共有財產、將農民逐出土地（封建制度下，農民和地主一樣享有土地的封建權力），因此創造了大量的無產階級。在英國，尤其是法蘭德斯羊毛的興盛和羊毛漲價，更助長了這些暴力行為。長年的玫瑰戰爭[1]使舊的貴族消失殆盡，而新時代下產生的貴族，則將金錢視為權力中的權力。於是，把耕地變為牧羊場成了他們的口號。

在這一章的最後，馬克思以深遠改變所有權關係的「盜竊」作結：

掠奪教會的財產、以欺詐手段轉移國有地、盜竊公有地、以侵占和恐怖手段將封建財產和家父長制財產，轉變為現代私有財產，這些都是原始積累理想而美好的手段。這些方法為資本主義農業取得了土地、把土地併入資本，並為城市的工業提供了無家可歸且溫順的無產階級勞動力。

馬克思在此使用長期的歷史取徑，分析高利潤的商業資本，如何在數個世紀間分解封建秩序。即便是工業資本主義，也得在日後才能完成這項工作。這些與資本主義積累相關的敘述是《資本論》中描述最劇烈的段落。當然，歷史學家也指出，從封建年代到資本主義生產模式的段落，並未完全符合史實，偶爾會比馬克思筆下的條件更為和平。但大多數狀況下，這項過程的確十分暴戾，而馬克思也十分清楚，如何以權威的筆法記錄下來。

## 《資本論》神祕的資料來源？

如同馬克思的歷史觀以及對階級鬥爭的看法，《資本論》並非無中生有。為了更理解這本書的誕生，我們必須回顧書中有哪些前人的影響。

《資本論》固然是本獨特又創新的作品，但也繼承了三波思潮：

I. 首先是，主要在英國發展的傳統政治經濟學，重要學者包含經濟學家大衛・李嘉圖（David Ricardo, 1772-1823）、人口學家托馬斯・羅伯特・馬爾薩斯（Thomas Robert Malthus, 1766-1834）和哲學家亞當・斯密（Adam Smith, 1723-1790）。本書開頭使用了不少斯密的假說，卻在最後批評這些假說，這就是著名的副標題《政治經濟學批判》（*Zur Kritik der Politischen Ökonomie*）的由來。

II. 第二個思潮，則是古希臘以來的哲學傳統。這是馬克思的專長，他的博士論文，便是研究古希臘哲學家伊比鳩魯（Epicurus）。必須強調，馬克思從未受過經濟學訓練，他的學位是哲學學位。而在哲學中，理論發展十分重要。

III. 第三個思潮，則是「烏托邦社會主義」，目前也有人稱為「概念社會主義」（因為烏托邦已近乎為貶抑詞）。此流派主要於法國發展，

> 重要學者包含哲學家夏爾・傅立葉（Charles Fourier, 1772-1837）和哲學家聖西門等。對於此學派，自一九七〇年起，在美國長期教授《資本論》的地理學家大衛・哈維（David Harvey, 1935-）有個完善的簡介：
>
> （馬克思的）全新科學方法建立在，從（德國）批判哲學發展出的工具，來檢視（英國）古典政治經濟學，以闡釋（法國）邁向烏托邦的革命衝動，並回答了下列問題：共產主義是什麼？（……）如何以科學方法理解並批判資本主義，以開啟共產主義革命的大門？
>
> ——《跟著大衛・哈維讀〈資本論〉》二〇一六（*A Companion to Marx's Capital*）

這段話清楚說明了《資本論》的目標。當然，這本書也能當作理解資本主義機制的工具書。從馬克思的年代到今日，許多人會向《資本論》中的分析致敬，例如，著名的自由派經濟學家賈克・阿達利（Jacques Attali, 1943-）在《卡爾・馬克思：世界的精神》（*Karl Marx ou l'esprit du monde*, 2005）一書中，便不忘強調馬克思提出的許多絕佳工具。不過，他也同時嚴厲批評，後世在政治領域實踐這些理念的成果。請不要忘記，馬克思之所以投入這項大型寫作計畫，就是為了提供能顛覆資本主義體制的分析工具。

因而，我們必須強調這套方法中一項重要的元素：黑格爾的辯證法[2]。採用辯證法的程序，是為了以非靜態的方式來理解生產模式的變革與轉型。由於馬克思並未寫下有關辯證方法的概要，《資本論》便成為理解該方法的著作之一。長期以來，究竟是哪些矛盾促使資本主義超前發展？以下段落，簡介這項在數百頁中不斷使用的辯證方法。為了回應對《資本論》的批評，馬克思在德文第一卷的第二版序言中，重新提及辯證法重要的「批判與革命」本質：

我的辯證法不只與黑格爾的方法不同，事實上與黑格爾的方法完全相反。對黑格爾而言，思想的過程——也就是他獨立稱為「觀念」的過程——便是現實的創造主，而現實只是觀念的現象與形式。對我則相反，思想的過程只是實際行動的反思，在人腦中不斷移轉。

> 近三十年前，當時黑格爾辯證法還很流行，我曾批評過該方法的神祕面向。（……）然而，雖然黑格爾因誤會而以神祕論[3]改造了辯證法，他仍是第一位完整說明辯證法行動形式的人。在他的理論中，辯證法簡直顛三倒四，必須將辯證法轉正回來，才能發現真正的樣貌。神祕論層面上，辯證法使既存事物充滿光輝，因此在德國蔚為流行。理性層面上，辯證法引起了主宰階級以及空談理論的思想家的公憤與厭惡。因為辯證法在現存事物的正面向中，也包括了理解事物致命的負面向與必然的毀滅，也因為辯證法掌握的是運動本身，而所有既定的形式都只是暫時的。因此辯證法不受任何事物指揮，更因為辯證法的本質就是批判與革命。

以上是《資本論》的觀念部分。至於馬克思在書中引用的原始經濟資料，主要來自他和恩格斯的緊密合作。恩格斯曾在工業時代的英國曼徹斯特工作，當時兩名工業資本主義學者查爾斯・巴貝奇（Charles Babbage, 1791-1871）和安德魯・尤爾（Andrew Ure, 1778-1857）的作品（兩人留存後世的經濟著作並不多），也是馬克思著書立說的基礎之一。這些基礎無庸置疑地造就了馬克思的分析。哈維認為，如果恩格斯在伯明罕工作，馬克思提出的內容會有所不同。伯明罕周遭的工業規模較小、組織形式也不同。但該地的產業更專精、更偏重手工業，與曼徹斯特的巨大棉花產業不同……

## 無所不在的商品

我們已經介紹了《資本論》的目標和方法，接著來討論其中的重要概念吧！馬克思在該書一開頭，便剖析商品等各種基礎概念。

商品和交換是《資本論》的出發點，每個人多少都有相關經驗。自十九世紀開始，商品和交換遍布了人類生活，自此之後便一直如此。馬克思認為：

> 在我們的社會之中，最普遍、最簡單、與勞動產品相關的經濟形式就是商品。因為所有人對商品都如此熟悉，以至於看不見其中的詭詐之處。

所以商品是如何交換？交換商品又有什麼好處？為了回答這些問題，馬克思強調「物品的實用性」，也就是他所謂的「使用價值」。當然，商品在市場上的價值會有所不同，是以另一個機制決定價值。這裡就出現另一種價值：「交換價值」。使用價值和交換價值之間，有決定性的不同。

決定商品交換的價值是什麼呢？商品中包含了人類的勞動，以及為了生產該商品所花的時間。為了測量人類的勞動，馬克思建議將這個問題，提升到國際層級來探討。即便一八六七年的市場規模和今日相比微不足道，但《共產黨宣言》明確表示，馬克思早已知道資本主義會繼續擴張，所以這類問題必須放到全世界的視角來談。要注意的是，馬克思並不完全反對自由貿易。一八四八年一月，他在布魯塞爾用法文發表〈有關自由貿易的演說〉（*Discours sur le libre-échange*），文中讚揚自由貿易的興起：促進貿易時會刺激產業成長，工人數隨之增加。人數增長後，便能準備顛覆資本主義體制。因而馬克思認為，此時不該反對市場發展，而要讓資本主義自然發展。在不同的年代中，馬克思對資本主義的態度未必如同這篇文章。但確定的是，有很長一段時間，他都認為無須減緩世界市場的擴張。

回到價值的問題，馬克思採用了李嘉圖「工時決定價值」的想法，但又新增了一個必要元素：「社會必要的工時」。馬克思花了不少時間，介紹並解釋「貨幣商品」的出現，它是商業交換的興起與擴張的重要基礎。貨幣用於規範這類交易關係，如同哈維精確的介紹：

> 社會必要的勞動時間作為價值，是資本主義時代生產模式的特質。只有在市場交易能發揮適當功用時，這類特質才會出現。

貨幣具有決定性地位。馬克思區分貨幣的兩種功能：價值尺度與流通手段，試圖理解，為何最終只有一種貨幣存在。為了解決不同類別之間的紛爭，信用貨幣出現了。而信用貨幣產生的關係——今日稱為「債務人」和「債權人」——則產生了資本出現的可能性。

當然，資本並非單純是「錢」的同義詞。過去曾有一些社會雖然有金錢的存在，但並非資本主義社會。極簡地說，當金錢的流動目的是賺取更多金錢時，資本才會產生。資本流通的過程是馬克思論據的核心。資本並非抽象的概念，而是價值流通的過程。價值能以許多不同的物體表示：金錢、商品，然後又回到金錢。在這個情況下，馬克思研究國家與世界市場間的關係，尤其是國家穩定貨幣的方式。在《資本論》中，他詳細研究這個流程，主要以英國作為研究案例。

## 資本、勞動力、剩餘價值

現在，讓我們來看《資本論》的關鍵概念之一：「剩餘價值」。如果這個概念不存在，創造資本便失去意義。剩餘價值的法文「plus-value」（更多的價值）有另一個更常用、且與馬克思的剩餘價值截然不同的意思：「增值」。舉例來說，因為房產「增值」而賺錢的「增值」也是「plus-value」。在德文中，「剩餘價值」稱為「Mehrwert」。從一九八〇年以來，有人提議使用新的法文詞彙「survaleur」（超過的價值）來翻譯「Mehrwert」，來更妥善地傳達馬克思的意思，也避免「plus-value」帶來的混淆。雖然如此，目前大多數有關馬克思的法文著作仍使用「plus-value」，使用「survaleur」的人仍然不多。所以本書的原文法文仍使用「plus-value」。

剩餘價值從何而來？來自一種非常特別的商品。這種商品擁有無中生有、創造價值的特殊能力。我們通常將這種商品稱為「勞動力」。勞動力集合了人類的體力和智力，為商品創造獨特的價值。資本主義的發展史和勞動力的生產緊密相連。這是資本主義基本的特質之一：資本家無法以「奴隸」的名義擁有勞動者，這一點與其他時代有大大的差異。

> 不同社會的經濟形式——比如以奴隸制為基礎的社會，和以雇傭勞動為基礎的社會——之間的根本差異，僅僅在於榨取真正的生產者——勞動者的剩餘價值的方式。

勞動力是資本家擁有的商品，但並非永久持有，還必須遵守勞動合約。資本家聲稱這是一種「自由」（理論上，勞動者可以自由選擇自己想要的雇主），但馬克思批評這種修辭。因為在平等的外表之下，這種自由其實隱藏著資本家的盜竊行為。

> 資本存在的歷史條件並不等於商品流通和貨幣流通。只有當生產工具和生活物資的佔有者，在市場上遇到出賣勞動力的自由勞動者時，資本才會產生；單是這個歷史條件就包含了整個新世界。資本從一開始就標誌著一個社會生產的時代。

要如何測量勞動力？有多種要素可以納入計算，至今仍爭辯不休。不過，這些要素總擺脫不了勞動者的需求：例如礦工需要吃肉、穿衣服等。簡言之，必須確保勞動的再生產，而再生產本身也有成本。除了純粹物質的面向，也應考慮到意識形態的要素（今日多稱為「表徵」（représentation）的要素）。在不同年代的不同國家，貧困的定義各不相同。社會依據當下的條件，來決定多少的薪資可稱得上體面。簡單來說，一八五〇年的法國認為可接受的薪資，在今日早已不適

圖8　19世紀在煤礦坑工作的工人

用。今日的法國認為可接受的薪資，在部分貧困國家則太高。現在許多國家使用著名的「貧困線」等指標十分有用。馬克思當年就已經知道這些差距，因為這些差距在他的年代就相當明顯了。

因而，勞動力價值的變數相當大，其中包含象徵要素以及社會與政治的力量對比。馬克思對後者特別感興趣。在完成《資本論》第一卷時，他正忙著組織第一國際。有了資本，才會有工人。而資本與勞動之間的關係——尤其是衝突——便成為問題的核心。針對剩餘價值的來源，馬克思指出，資本家的利潤來自於所謂的「剝削」——也就是付給工人的薪資低於生產過程中商品所增加的價值。工人實際投入的工時與工人獲取的報酬不成比例。榨取剩餘價值，便是剝削得以存在資本主義中的特殊形式：

> 資本主義的私有財產（……）是建立在榨取名義上的自由勞動，也就是雇傭勞動。

理解剩餘價值，即代表區分不變資本（原料或機器）和可變資本（生產過程中投入的勞動力）。因此，商品的總價值是不變資本、可變資本和剩餘加值的加總。可化約為：C（不變資本）＋V（可變資本）＋M[4]（剩餘價值）。

在勞動過程中，最重要的條件是可變資本：事實上，如果勞動中止（通常因為罷工），可變資本就會減少，甚至消失。這個特質給了工人一項權力，並讓馬克思認為，組織工人對於反抗資本主義而言十分重要。在此，我們找到了馬克思最初的目標：挑戰、批評，甚至顛覆體制。這項目標暫時可透過罷工達成，但最好能進行革命、從根本改變整個體制。這個想法貫通整本《資本論》，即使書中從未細談奪取權力的詳細策略。

## 難道工人有選擇的自由嗎？

工人可以自我捍衛。不過，如果說他們正被資本家剝削，為什麼還要販賣自己的勞動力？為何不從資本家底下獨立出來？最簡單的回答是：對絕大多數的工人來說，他們就是沒有選擇。工人雖有勞動的能力，但他們不像封建制度下的農

圖9　1860年的資本家大老闆

民，擁有器材或工坊等生產工具。因此工人沒有其他選擇，只能販賣勞力給控制生產工具的人——就是資本家。受薪階級人口增加與資本主義的活躍度緊密相關，而實際上人們享受所謂的「自由」，是相當虛偽的。

## 商品拜物教[5]

馬克思著迷於商品不同面向後的謎團，同時提出對於「商品拜物教」的反思，這個概念對後世非常重要。他指出，個人使用價值的喜好與商品（可感覺、超越感覺、社會的物體）本身的價值完全無關。市場和貨幣將交易中的社會聯繫隱藏起來。而我們必須解開資本主義體制的「象形文字」秘密：

> 因此，價值沒有在價格上寫明它是什麼。不僅如此，價值還把每個勞動產品轉化為象形文字。到後來，人們才竭力要猜出這種象形文字的涵義，想瞭解他自己創造的社會產品的秘密。而使用對象轉化為價值，

> 就和語言一樣，是社會的產物。

在這些條件下，許多經濟學家歌頌的自由只不過是商品拜物教下的迷思。若不試圖批評我們自以為是正常現象、實際上卻是資本主義出現之後才有的價值，根本難以為人類設想新的未來。

---

1 玫瑰戰爭：一四五五年到一四八五年的英國內戰。

2 在黑格爾之前，辯證（dialectics）主要指意見不同的人彼此辯論，古希臘哲學家蘇格拉底（Socrates）經常使用此方法討論。但在黑格爾的哲學中，辯證法是將立場不同的概念兩相比較，方法為「正反合」三階段論：先提出一個命題作為「正論」，再提出立場相反的「反論」，再做出總結「合論」。

3 由於黑格爾注重心靈和觀念，而非物質世界，因此被馬克思稱為「神秘論」。

4 中共中央的《資本論》譯本（目前中文世界唯一的譯本）沿用德文的縮寫符號M（Mehrwert），所以此處譯文不採用原文法文的P（plus-value）。

5 商品拜物教（Warenfetisch）一詞為馬克思在《資本論》中所創，意指人們把商品視作獨立的存在，忽略背後的社會關係，如勞動、交易等。

# 第四章

# 勞動：究竟是壓迫還是解放？

馬克思將勞動視為一種
「人類透過自身的行為，
控制並規範自己與自然之間新陳代謝的過程」。

勞動在馬克思的著作中十分重要。他的許多著作都分析勞動的不同面向，來了解人類社會發展的重要性。一八四六年的《德意志意識形態》中，馬克思和恩格斯強調：「自從人類開始生產自身生活所需，便已將自己與動物區分開來。」在《資本論》中，馬克思將勞動視為一種「人類透過自身的行為，控制並規範自己與自然之間新陳代謝的過程」。

《資本論》著名的〈工作日〉（*Der Arbeitstag*）一章中，馬克思解釋當時的資本家如何增加工作日的勞動時間，而工人又如何為了減少勞動時間而鬥爭：

工作日的勞動時間有上限，不能超出特定時數。這個上限由兩件事決定，首先是勞動的體力極限：一天二十四小時中，人類只能付出一定的生命力，就像馬匹平均每天只能勞動八小時。勞動力每天必須有一段時間來休息、睡眠。還需要另一段時間來滿足身體的需求，如吃飯、穿衣服等。這不是唯一的限制。勞動時間的上限也受到道德條件束縛。必須給予工人滿足智識與社會需求的時間，這些需求的數量和範圍，依該社會的文明狀態而定。所以勞動時間的上限受到這些自然和社會加諸的條件限制，不能超出特定範圍。不過，這些上限仍有很大的變化空間：還有十、十二、十四、十六或十八小時的工作日，有各式各樣的時數。

馬克思認為，這裡便出現「權利對權利」的衝突，兩造都有自己的正義。不過，在這些看似平等的權利之間，其實是由權勢決定誰勝出——通常是統治階級。

無數有關工時的案例，都符合馬克思的政治經濟學批判。在許多未進行規範的產業中，九歲的孩童一天要工作二十小時。馬克思描寫許多產業惡劣的勞動條件，如何摧毀工人的健康，以及火柴生產過程中的磷，如何毒害工人的身體：

在火柴工廠中，少年一邊吃中餐、一邊把火柴沾進加熱中的磷混合溶液，而有毒的蒸氣直接往他們臉上撲去。當時人們認為這種情境再正常不過了。

十九世紀初，英格蘭的工時普遍比中世紀長。數個世紀中，許多法案試圖繼續增加工時。一直到十八世紀末，隨著機械生產與現代工業的誕生，所有限制道德與自然、年齡與性別、日與夜的工作條件出現後，這種法案才消失殆盡。一開始，所有嘗試限制工時的立法皆遭到企業主批評，認為這違逆經濟發展。不過，一八三三年的《工廠法》（Factory Act）成為第一部限制工時的法律。根據該法，紡織業中的成人每日工時上限為十五小時、十三至十八歲的孩童為十二小時、九歲至十三歲的孩童為八小時。一八四七年，婦女與孩童的工時減為十小時。不過，要等到一八六〇年，這項法律才適用於其他產業。根據馬克思的觀察，減少工時的措施並非為了員工而設，而是因為老闆必須允許工人休息、重整勞動力，公司才能正常運轉。他以工廠的督察為例。這些督察是工人運動初期，部分菁英進行改革後的產物。在他們的例子中，與一八三〇至一八四〇年瀕死的工人相比，工時較少、身體較健康的勞動力還比較有效率。事實上，真正認為國家法規限縮工時很重要的，反而是英國的政經菁英。馬克思在此描述的是資本與勞工間妥協史的開端。這類妥協並不穩定，隨著不同時代的狀況仍會被大眾質疑。無論資本主義有多少重大變化，這個案例說明，馬克思的思想能帶領我們認識不同國家與年代的共通邏輯。

## 被侵占的時間

讓我們回到工時的重要性。第二章中已經提到，馬克思將階級鬥爭定義為歷史的主要動力，這是馬克思與古典政治經濟學的根本差異，尤其是他把範圍擴大到時間的反思。工人應該在勞動時做什麼？此外，落實工時後，勞動之外的時間又該做什麼？工時是由社會建構不斷變動的概念，因不同社會時代有所差異。馬克思生活的時代，是人們開始縮減工時的時代。

《資本論》中「被侵占的時間」（*Le vol du temps*）占了數頁篇幅。以下段落，馬克思提及資本家每日每分侵占工人時間的現象（在勞動的「休息」問題中已提過）：

豺狼般的資本，盲目又毫無止境地追求過量的勞動，不只超越了道德界線，也完全超過工作日的體能極限。它侵占人體成長、發展和維持健康的時間。它竊取人類呼吸新鮮空氣、接觸陽光的時間。它剝奪工人的用餐時間，盡可能將用餐時間併入所謂的生產流程。

**馬克思也描寫了勞動空間與紀律安排，這些都與上述的時間安排緊密相關，進而描繪出如何剝奪工人想逃離勞動異化的可能性：**

工人在技術上服從勞動方式的統一步伐，以及各年齡男女組成的工人群體，這兩個要素創造出軍營般的紀律，並在工廠制度中獲得長足的發展。工廠裡所謂的監工，以及將工人分為工業士兵與工業軍官的分工模式，已經推展到最完美的境界。

圖10　1850年的英國紡織工廠

青年馬克思提出的異化概念（見第一章），在此擔綱批判資本主義制度的核心角色。要注意的是，對於異化在《資本論》中的地位，人們有許多辯論。和剩餘價值一樣，必須回到原文德文才能深入了解。例如，阿圖塞認為，異化的相關詞彙在《資本論》中早已消失：遭異化的人類，僅由一八四四年的青年馬克思提及，而一八六〇年代的成熟馬克思則沒有使用。當時的馬克思沉浸在更科學的資本主義分析。人們認為未成熟的青年馬克思，和《資本論》中更科學的政治經濟學分析之間，有認識論上的斷層。其他學者——尤其是阿圖塞論敵的哲學家呂西安·塞夫（Lucien Sève, 1926-2020）——則認為《資本論》的原文經常使用異化的相關詞彙，延續了一八四〇年代馬克思的預感。《資本論》對於人類生存條件和日常生活條件的描述，都不能輕易脫離馬克思早期的思想。

## 被剝奪的工人

被剝奪未來、一無所有的人類形象在《資本論》中反覆出現。勞動分工和專業化（工人分為具專業資格和不具專業資格）在剝奪的過程中扮演重要角色。雖然曼徹斯特模式給馬克思留下了深刻印象，但馬克思也注意到地域分工，並強調工業分區的組成。這個分工模式就是在他生活的十九世紀形成的。這些紛擾長遠地影響了西歐的都市景觀，並在不久之後影響整個世界：

> 將生產過程的特定部分分派給國家的某一地區，隨著利用所有特點的手工業工廠出現，這種地域分工得到了新的助力。此外，世界市場與殖民主義的擴張（這兩點是手工業年代普遍存在的條件）也為地域分工提供了大量資源，協助社會內部分工。

這類分工重重地影響工人的生活。以下段落為青年馬克思所寫，描述變形的資本主義如何剝奪工人的一切。工業摧毀工人和他們的生活，讓人變得更脆弱：

圖11　髒亂不堪的英國工人住居

工業使工人變得脆弱、畸形，如溫室般在工人身上栽種出枝微末節的知識，又讓這些熱血蓬勃且充滿才能的人窒息。就像拉普拉達聯合省[1]的人，他們只為了皮和油脂就宰殺動物。不只有勞動被分為數個部分交給個人，個人也被分成了部分，化為部分勞動所用的自動生產機制。這實現了梅尼紐斯·阿格里帕（Menenius Agrippa）的愚蠢寓言[2]，僅由身體的部分來代表一個人。

## 機械與工人：工作量不減反增？

馬克思其中一項提問與機械的分析有關。機械生產是解放的同義詞嗎？機械可以減輕工作量嗎？事實上，機械的功用正好相反，促進工業化的同時，反而加重了勞動分工，使人失去對日常勞動的一切興趣：

機械勞動極度損害神經系統，並阻止各種肌肉活動，也壓抑身體和精神所有的自由活動。甚至連減輕勞動都成為一種酷刑，因為機械並非幫人工作，而是讓工作內容變得毫無意義。資本主義生產過程不只創造實用的物體，也創造了剩餘價值。勞動條件主宰了工人，而非臣服於工人。顛覆主從關係並實現這個技術的便是機器本身。勞動方式變為自動機制，在勞動過程中以資本的形式主宰工人，用形同枯槁的勞動當作自動機制的活力來源。

最後，如同先前所說，大型機械工廠成功分離了生產的體力勞動與智力勞動，而智力勞動更轉化為資本支配勞動的權力。驚人的科學、巨大的自然力量、偉大的社會勞動都整合進機械系統中，進而組成「主人」的權力。在這些要素面前，工人專精的技巧變得微不足道。而在這位主人的腦子裡，機器的存在與獨占壟斷早已密不可分（……）

從這裡開始，馬克思提出各種問題並納入各種要素：技術以及技術和自然的關係、生產過程、日常生活的生產與再生產、社會關係與智識概念。這些要素不斷演化：「科技不僅體現了人類對自然的積極行為、人類創造自身生活的過程如此快速，也體現了人類生活的社會條件，以及由此而來的智識概念。」

在《資本論》其他段落中，馬克思說明了歷史進程如何展現生產力、並逐漸主宰自然。我們可以從中察覺到馬克思對自然的幾項擔憂，有些人進而發現超越時代的「環保主義者馬克思」。確定的是，馬克思與某些採用最抽象取徑的唯物主義者劃清界線：

> 建立在自然科學，但排除歷史進程的唯物論有個缺點：每當該論點的代言人超越自己的專業範圍時，便會暴露出他們的抽象概念和意識形態。

馬克思也回應因政治和社會目的而使用達爾文著作的人，證明他們所謂的特定人種或種族優越性並不存在。

當然，人類與機械主宰自然仍是《資本論》的核心觀點之一。從今日的角度來看，許多段落都符合生產主義、鼓勵經濟發展，以及較少關注生產對自然的影響。不過，和其他觀點一樣，我們不能忽略馬克思作品中的張力……有時這些張力很難讓人相信，馬克思的確想讓大多數人讀懂他的著作。

舉一個十分明確的例子，關於挑戰資本主義的歷史。在這個例子中，我們可以發現馬克思的政治觀點。該案例與十九世紀初特別活躍的「盧德運動」（luddites）有關，該運動得名於在一七八〇年破壞生產機械的工人——內德．盧德（Ned Ludd）。參與該運動的工人和工藝家，採用暴力手段攻擊新技術——也就是破壞生產機械。馬克思認為這些運動會有反效果。雖然他並沒有不加批判地為機器至上論辯護，但在他看來，工人對機器的單方面反抗是相當消極的。此外，尊重生產工具的想法，也在十九世紀下半葉的工人組織運動中逐漸普及：

十九世紀前十五年（尤其是採用蒸氣紡織機之後）英國工業區發生

的大規模機械破壞運動，通稱為盧德運動，為反雅各賓政府[3]提供了藉口（……）以採取極端反動的暴力行為。工人需要時間和經驗的積累，才能懂得區分——機械本身以及資本家利用機械來剝削——這兩者之間的不同，並將對生產工具的攻擊矛頭，轉移到剝削工人的社會形式上。

## 勞動的終結在哪裡？

如上所述，勞動有矛盾的特性。對馬克思而言，他想達到的最終目標是一個沒有階級的共產主義社會，個體終於擺脫一切束縛，可以得到完全的解放。但勞動的角色在這個新社會中是什麼呢？馬克思並沒有給出明確答案，我們在此提供一些貫穿其著作的想法：

馬克思希望打造共產主義社會。他在《資本論》中說明自己想創造「一個更優越的社會形式，根本原則便是讓每一個個體完全自由地發展」。馬克思想像的世界中，勞動並非完全次要或被縮減到微乎其微。在馬克思之前，傅立葉等烏托邦社會主義者，便提倡大幅縮短工時。發展共產主義的同時，馬克思也試圖解答，勞動體驗在工人的訴求中究竟有何地位。共產主義應致力的目標，是將個人從勞動的枷鎖中解放出來，並讓個人在不同社會活動中完成自我實現（取自：艾曼紐・雷諾〔Emmanuel Reynaud〕的《馬克思與哲學》〔*Marx et la philosophie*, 2014〕）。馬克思清楚認為，勞動之外，應該要有空間讓人類自我解放。共產主義不應限縮勞動之外的面向，人人都該享有悠閒的時光。共產主義理當破壞勞動中不同形式的宰制，讓宰制消失，開啟「解放勞動」的大門，讓勞動對每一個人都具有意義。為了完成這些目標，必須提出超越雇傭勞動的概念。如同馬克思一八七五年在《哥達綱領批判》中所說，必須結束「個人對勞動分工，如同奴隸般的從屬關係」，並終結「智力勞動和體力勞動之間的對立」。於此，馬克思重新塑造出一種用科學分析資本主義發展的烏托邦形式。

1 拉普拉達聯合省為現今的阿根廷。

2 阿格里帕為古羅馬執政官。相傳在一次羅馬人民起義時，他以身體各部位相爭、導致身體衰弱的寓言故事勸退人民。

3 反雅各賓政府時值法國大革命，主導大革命的雅各賓俱樂部（Société des Jacobins）推廣的自由、平等理念，遭到歐洲各地的保守派政府排斥。當時的英國政府也反對雅各賓俱樂部的各項思想，並認為盧德運動受到法國大革命影響。

# 第五章
# 變了！將馬克思扭曲成馬克思主義？

馬克思主義希望實現國際主義，
團結全世界的無產階級，超越個人的利益。
這是當年的思想家最遠大的承諾之一：
建立無邊界的世界

有一句名言常被引用，人們認為這是馬克思說的：「我只知道，我不是馬克思主義者」。馬克思死後，他忠實的戰友恩格斯，肩負起整理他著作的責任。馬克思生前是否曾預期，他的思想會變得教條化，還有很多分支呢？

回答這個問題前，應該先搞清楚馬克思在批評馬克思主義者時，究竟聽說了什麼？馬克思批評的對象是一群法國社會主義者，他們經常對理論不夠嚴謹，在政治方面也不見得可靠。這些指責不一定只與政治有關，偶爾還跟家庭有關！馬克思指責的其中一位社會主義者是拉法格，他是馬克思的女婿、馬克思之女蘿拉（Laura Marx, 1845-1911）的夫婿。拉法格並非理論家，生前也並未宣稱自己是理論家，卻積極撰寫宣傳手冊。他只記得馬克思理論的基本要點，竭力不斷重複，卻未深入思考。他參與「蓋德派」（guesdiste）的政治派閥（得名於將馬克思引入法國政治領域的先驅之一：蓋德），並在二十世紀初賺了點錢。他也是法國工人黨的主要參與者之一，該黨於一九〇五年成為現在的法國社會黨。

馬克思批評馬克思主義者時，批評的並非將他的思想用於政治且充滿爭議，而是反對將他的思想過度簡化，不足以理解並改變世界。即便馬克思這麼譴責，還是有許多傑出的馬克思主義繼承者，毫不遲疑地自稱「馬克思主義者」，因為他們認為自己並非前述譴責的對象。

## 最初的馬克思主義到底是什麼？

馬克思過世沒多久，馬克思主義便出現了。我們必須重返歷史、清楚定義馬克思主義，才能好好理解馬克思在二十和二十一世紀的驚人影響。

馬克思主義最早單純是貶義詞，一八六〇年，被第一國際中巴枯寧等人的無政府主義派系使用，用來責備馬克思所屬的派系—先被稱作「威權派」，後被稱為「集體派」。隨後，一八八〇年，這個貶義詞又轉變為，馬克思思想的支持者用來標示自己的詞彙。

馬克思長久的摯友恩格斯，在定義和傳播馬克思主義的過程中擔綱要角。恩格斯逝世於一八九五年——於馬克思逝世的十三年後，他生前花了不少時間整理，並出版這位戰友的思想遺產。恩格斯見證了馬克思主義百花齊放的發展：馬克思主義現代政黨的出現。馬克思生前致力於追求理想的政治組織，這些努力總算開花結果。政治形式的馬克思主義，自此誕生。

尤其是恩格斯的忠誠密友考茨基，他在一八八〇年認識「馬克思主義」一詞，而他的作品在一九一四年之前，是全歐社會主義的理論和政治基本綱領。第一次世界大戰前，他大力推廣馬克思主義，並指揮追隨馬克思的思想家和政治工作者，尤其是德國社會民主黨（Sozialdemokratische Partei Deutschlands，SPD）。當時，德國社會民主黨是全歐洲自稱追隨馬克思主義的政黨中最強大的。

使用「馬克思主義」一詞的人，究竟指什麼呢？許多國家都成立了社會主義、或社會民主主義的政黨，大部分都汲取馬克思作品的政治綱領或世界觀。他們很少討論馬克思的論點，只是從中挖取幾個強而有力的想法，用來建立政治意識形態一致、且組織紮實的政治組織。例如：透過社會革命來顛覆資本主義的觀點，獲得廣大回響。十九世紀末，自稱「馬克思主義」的代言人通常都屬於革命派。而以階級鬥爭的角度來分析時事、全世界的社會和政治變遷，則是這類馬克思主義的另一項特點：世界各處都有利益對立，但主要的對立，只是反映了不同社會階級間的利益衝突。十九世紀末，主要的對立便是資產階級與無產階級間的階級鬥爭，而中產階級必須加入其中一方。以經濟學的術語來講，就是用解釋剩餘價值的理論，來說服雇主承認對雇傭勞動的剝削。更廣義來說，他們對世界和歷史的理解，都經由歷史唯物論來詮釋。最後，雖說馬克思主義者夢想的世界仍具有國家的特性，但目標是去除現有的國家界線，打造沒有國家對立、或沙文主義的新世界秩序。馬克思主義希望實現國際主義，團結全世界的無產階級，超越個人的利益。「全世界的無產階級，團結起來！[1]」這是當年的思想家最遠大的承諾之一：建立無邊界的世界（但是不需要國家，尤其是壓迫人民的國家，稍後會再提到）。不過，仍需注意一點：當時工人運動的核心仍是歐洲，甚至是西歐。殖民造成的問題，尚未進入工人運動的視野。人們眼裡的世界只有巴黎、倫敦、柏林或維也納。

## 馬克思主義的特點：演化與革命

理解這裡的馬克思主義時，不能脫離十九世紀意識形態發展的脈絡。馬克思主義發展的年代，是科學進展占有決定性地位的年代。《資本論》和英國地質學家查爾斯・達爾文（Charles Darwin, 1809-1882）的《物種起源》（*On the Origin of Species*, 1859）正好同個年代。對考茨基等人而言，達爾文主義和馬克思主義同時發展，相似性不證自明。這兩種理論混合之後，也產生了某種模式論和決定論。考茨基曾公開承認這種混淆：

> 演化並沒有將革命排除在外。革命只是特定條件下，一種特殊的演化形式。
>
> ——《達爾文主義與馬克思主義》
>
> （Darwinisme et marxisme, 1894-1895）

這種混淆讓他們對革命有種宿命論的概念：無論如何革命都會發生，因為社會演化模式就與物種演化方式雷同。

每一項從馬克思思想而來的概念，都有許多細微的差異，也反映了許多社會主義會議中的激烈爭吵和政治鬥爭。不過，對大多數的鬥士和理論家而言，即便高呼自己是馬克思主義者愈來愈成為社會主義政黨中，最革命的少數派才有的特權，人們還是可以毫不迂迴地自稱馬克思主義者。

舉一個法國的例子，說明人們可以在借用馬克思概念的同時，又認為馬克思主義必須與其他思想結合來看。法國著名社會主義演說家尚．饒勒斯（Jean Jaurès, 1859-1914）是這類整合的代表人物。饒勒斯原本是個共和體制的支持者，跟社會主義完全沒有瓜葛。後來，他經常拜訪那些關注德國哲學發展的理論家，也常與日常社會衝突中的罷工工人來往，因而逐漸信服社會主義的理念。與工人的聯絡特別重要，因為饒勒斯對這些罷工的觀察，都印證了馬克思的想法：階級鬥爭的確存在。在饒勒斯生活的年代，無論是政治或理論發展的領域中，考茨基領導的德國社會民主黨聲勢都十分浩大，遠遠超過法國的社會主義。饒勒斯對此十分關注。不過，他對馬克思和恩格斯在《共產黨宣言》中倡儀的殘酷且基進的革命，則持保留態度。饒勒斯深信議會民主的共和體制，並尊重投票箱產生的多數民意。所以，他因馬克思主義而成為社會主義者，但對共和體制的堅持，則讓他與當時其他馬克思主義者保持距離。他不信任馬克思過世後發展的馬克思主義，反而比較相信馬克思本人。在與拉法格的爭執中，他肯認道：

> 以下是我不同意馬克思所謂「宗教、政治、道德觀念都只是反映經濟現象」的原因。人類身上含有自身和經濟環境的影響，因此不可能分離經濟生活與道德生活。若要在這兩項之間建立從屬關係，必須將其中一項自另一項完全脫離出來。但這不可能，就像我們不能把人類一分為二、把身體與智識切成兩半，我們亦無法分割歷史的人性、或把理念生命與經濟生命切割開來。
>
> ——《歷史觀中的唯心論與唯物論》

（*Idéalisme et matérialisme dans la conception de l'histoire*, 1894）

第一次世界大戰前，對馬克思主義來說，始終存在某種多樣的元素：它充滿了論辯與矛盾。一九一七年的俄國革命，與一九二二年成立的蘇維埃社會主義共和國聯盟（通稱「蘇聯」，包含俄羅斯和舊俄羅斯帝國中的一些國家），徹底改變了這樣的狀況。蘇聯官方宣稱，馬克思是他們的統治正當性的來源。「馬克思列寧主義」（又稱「馬列主義」，marxisme-léninsime）由此而生，並排擠了其他或近乎一切的分支……

## 從馬克思主義劇變到馬克思列寧主義

若說馬克思主義在全世界獲得廣大回響，勢必是因為一九一七年俄國革命創造的巨大衝擊。該革命自二月開始，最終在十、十一月由名為「布爾什維克[2]」的政治組織主導。該黨派高聲宣稱，自己信奉基進與革命的馬克思主義，與他們認為太過溫和的德國社會民主黨十分不同。布爾什維克認為，自一九一四年夏天，各國的社會主義者同意發動戰爭後，他們就已經背叛了社會主義。根據左翼社會主義者（包括布爾什維克）的看法，接受戰爭，就是嚴重背離了馬克思主義的國際主義理想。布爾什維克人力圖重引火把。

少數派的布爾什維克一開始聲勢微弱，但隨著俄國革命的發展，而開始有影響力，最終成為各國共產黨的始祖。簡單來說，追求馬克思國際主義理想的人們，認為必須與社會主義者劃清界線。一九一八年後，布爾什維克便將他們的追隨者稱作「共產主義者」（communistes）。各國的共產黨和蘇聯共產黨（史上第一個共產黨，由布爾什維克締造），宣稱自己追隨馬克思和馬克思主義。未來，這些共產黨也持續宣揚自己與馬克思的關聯，為傳播馬克思的作品與思想貢獻良多。

不過，這一波馬克思主義的散播，很快遇到一種新的馬克思主義：馬列主義。實際上，馬列主義是結合馬克思與列寧的作品，繼而產生新的詮釋。毫無疑問，列寧受到馬克思的影響，經常引用他的作品，更加入許多新元素：有嚴謹階

圖12　（左）馬克思作品的各國譯本，
（右）正在閱讀《資本論》的列寧

層與中央集權的政黨；稱作「帝國主義」（impéralisme）的新時代分期；以工人委員會的霸權為基礎，來奪取權力的策略。工人委員會是由最基層行動者組成的基進民主形式。不過，其中的民主成分很快便不復存在。

除了馬克思和列寧之間的重大差異，我們也要討論兩人的共通點。一九二四年列寧逝世後，人們逐漸發展出所謂的馬列主義，這讓後世對馬克思的理解，產生了劇烈的轉變。此後數十年間，全世界無數人和團體，主要都透過馬列主義來認識馬克思。馬列主義的興起與史達林的崛起緊密相關。史達林於一九二二年，接任蘇聯共產黨總書記，大權在握。為了確保能掌握一切，他將「列寧主義」形塑為一系列亙古不變的神聖綱領。而他將依據這些綱領，透過與法律、歷史難以分離的革命鬥爭，將人類從悲劇中解救出來，並且毫無條件地捍衛「社會主義祖國」——蘇聯。舉例來說，在列寧死後，共產國際（第三國際）主席格里戈里・季諾維耶夫（Grigory Zinoviev, 1883-1936）的這段話，體現了當年蘇聯和各國共產黨所發展的馬克思主義樣貌：

> 尤其對我們黨來說，伊里奇（列寧）逝世是新生命的開端。失去他是無法挽回的重大損失。沒了列寧，要怎麼領導這麼巨大的國家、共產國際的鬥爭、黨的工作（……）列寧過世了，列寧主義仍長存於世。當無產階級革命獲得全宇宙的勝利，也將必是列寧主義的勝利。
>
> ——《我們的領導人列寧》（*Notre maître Lénine*, 1924）

在俄國共產黨與之後各國共產黨的內部，馬列主義將成為攻擊史達林對手的工具。尤其是曾在俄國革命的內戰期間，指揮紅軍的列夫．托洛茨基（Leon Trotsky, 1879-1940）。

自此，馬克思主義便成為激烈的政治鬥爭工具，緊接著，很快地成為二十世紀最血腥、最壓迫的政權官方意識形態。馬克思名言集也出現了，大多數名言都脫離原本的脈絡，但作為這類共產黨的文宣品十分有用。在史達林年代的多個重大決策中，馬克思的名言直接被有目的地使用，有時還很矛盾：用來合理化國家角色的強化、一次又一次的外交結盟……馬克思對十九世紀俄國最嚴厲的批評甚至被隱藏、禁止！史達林還親自「更正」恩格斯對沙皇俄國外交政策的猛烈批評。恩格斯在該段落中，重述馬克思長期以來關心「野蠻的」俄國鬥爭的原因：

> 出於兩個原因，西歐的工人政黨相當關注俄國革命政黨的勝利。首先，沙皇俄國是歐洲反動勢力最大的堡壘、最後的後備基地與後備軍。單是該國的存在，對我們就是威脅與危險。第二，我們已有足夠的證據能證明，俄國長久以來對西歐事務的干涉，阻擋了我們正常發展。而這些干涉主要的意圖，是征服地理疆域，確保該國在歐洲的霸權，並阻止無產階級革命成功。卡爾．馬克思曾數次提及——第一次是一八四八年，之後也提過幾次——西歐的工人政黨勢必要與沙皇俄國作戰。我在此發表相同主張，只不過是追隨這位亡友的遺作，完成他未竟的事業。
>
> ——《俄國沙皇政府的對外政策》
>
> （*La politique étrangère du tsarisme*, 1890）

即便馬克思基進地批評國家與政府，此時的共產主義，卻為一黨獨大的體制提供了正當性。直到今日，仍有許多對馬克思的詮釋支持此論點。

## 不得已？馬克思背叛了馬克思主義？

即使是不了解馬克思思想的人，也知道馬克思和史達林主義政權有極大的差異，這點應該是毋庸置疑的。我們不可能用簡單的推理，從馬克思的著作中推導出蘇聯的政權形式。然而，我們也不能否認，馬克思主義得以傳播至全世界，長久以來都和蘇聯政權緊密相關。

要理解這個現象的要點之一，是從各國不同的發展脈絡出發。如此一來，就能理解馬克思主義長久以來的命運，都與蘇聯及同盟國相關。無論如何，在世界史上，傳播馬克思著作最有力的是世界各國團結一致的共產黨。這種共產主義，最早攻下了一個發展遲緩的國家，而該國封建制度殘留的影響力比西歐各國更大，並繼承了俄國歷史和沙皇政權的特點。換句話說，革命原先不該在這裡發生。布爾什維克黨人原本也認為不可能在俄國實行社會主義，反而指望德國革命勝利……但德國革命並未成功，且在一九一九年遭到根除。俄國的孤立不能用來完整解釋或合理化馬列主義及其實踐的僵化，但卻是能幫助理解這種僵化的要素之一。

## 國際主義：從馬克思到馬克思主義

馬克思主義的國際面向是發展以來重要的動力之一。最後，最成功實行馬克思主義的國家並非西歐（當然，馬克思主義在西歐還是有不可忽略的影響力，只是一直未能真正掌權），而是追隨俄國革命的殖民地或半殖民地。蘇聯版本的馬克思主義對反殖民鬥爭有巨大的影響力，並在亞洲大陸的越南、中國等國獲得巨大回響。即便晚年的馬克思開始對歐洲以外的世界感興趣，但他仍把社會及政治變革的希望寄託在西歐的工業發展。歷史卻很諷刺地告訴我們，反而是「發展遲緩」的國家，對馬克思的革命與世界變革的提議更有回響。難道是他們錯誤理解馬克思的著作？還是馬克思的思想遭到誤用？可能吧！無論如何，馬克思確實在這樣的歷史脈絡下享有國際的聲望。

1《共產黨宣言》的最後一句話。

2 布爾什維克（bolcheviks），在俄語中意為「多數派」，是俄國社會民主工黨中由列寧領導的派別，為日後蘇聯共產黨的前身。

# 第六章 馬克思的繼承者們

「社會主義革命的成功不應以國界為限。
社會主義革命始於一國之內，發展於國際之間，並在全世界完成。
除非全世界都成功確立了新社會，
否則，不能稱之為社會主義革命的絕對勝利。」

除了依賴政治組織和威權命令而生、早已僵化的蘇聯版馬克思主義之外，部分行動者與思想家，致力將馬克思與馬克思主義應用到自己所在的環境，並提出與馬列主義不同、獨到且原創的詮釋。這些人個個說明了馬克思的內涵遠比史達林的簡化版本還豐富。我們在此選擇了幾個人，他們的名氣或高或低，但都是認真的馬克思讀者，也在不同情境下，擔綱了政治領導人的角色。畢竟，馬克思既是第一流的思想家，也是政治人物。

## 從饒勒斯到布魯姆：馬克思支持共和體制嗎？

如上一章所見，饒勒斯是最早期馬克思主義的追隨者，並親身經歷了十九世紀末，馬克思逝世的那一天。饒勒斯賦予法國社會主義獨特的樣貌，結合了共和傳統與特有的社會主義路線，而社會主義受到了馬克思的影響。例如，饒勒斯認為，馬克思提出了不少能用於理解現代世界的決定性因素。饒勒斯贊同馬克思在《資本論》第一卷中描寫的價值規律，也認為階級鬥爭存在，且階級鬥爭的確能解釋大多數的人類歷史。

法國社會主義長期受到馬克思影響。即便法國共產黨（Parti communiste français，PCF）成立於一九二〇年，法國社會黨仍將馬克思的思想奉為綱領。萊昂・布魯姆（Léon Blum, 1872-1950，一九三六年擔任左派人民陣線聯合政府的總理）身為抵抗蘇聯共產主義的重要人物，在一九二〇年的黨大會上捍衛「無產階級專政」的概念，但是在議會民主的意義上使用了這個概念。他批評蘇聯模式竭力將所謂的「新社會主義」輸出到各國，偏離了布魯姆所謂的「馬克思社會主義」：

> 這是一種新的社會主義。在我們看來，這種建立在錯誤觀念上的社會主義，與馬克思社會主義基本不變的原則大相逕庭。此外，這種社會主義的另一項基礎，卻是大量的錯誤事實，目前已普遍化為國際社會主義整體所用。這些錯誤是一系列的概念，來自俄國自身、特定且因應當地情況的實驗。蘇聯卻將這些概念視作國際社會主義所需、必要且普世

皆然的行動原則。這些實驗可能並非完全正確，但那些完全經歷過俄國革命的人，卻漸漸將這些概念從事實中脫離出來。

後來，當布魯姆發展出與馬克思主義不同的人道社會主義（《人性的尺度》，*À l'échelle humaine*, 1945），他仍對馬克思的作品十足敬佩。戰後，他的政敵吉・莫雷（Guy Mollet, 1905-1975）成為社會黨的領導人。莫雷之所以能打倒布魯姆，是聲稱自己對馬克思和馬克思主義更忠誠。而當年法國共產黨所占的份量之重，讓法國的左派政黨，從未將馬克思自中心思想中去除掉。

綜觀法國社會黨的黨史，至少在法蘭索瓦・密特朗（François Mitterrand, 1916-1996, 1981-1995任法國總統）之前，都具有濃厚的馬克思主義傾向。直到一九九〇年，法國共產黨式微、蘇聯解體之後，法國社會黨的馬克思主義色彩才大量淡化。與其他社會民主政黨相較之下，法國社會黨之所以能長期占有獨特地位，馬克思思想可謂是重要原因之一。

## 盧莎．盧森堡：自由意志馬克思主義（marxisme libertaire）？

若提到和馬克思作品相關的重要女性，一定不能忘記出身波蘭、後來歸化德國的猶太裔盧莎．盧森堡（Rosa Luxemburg, 1871~1919）。她首次參與波蘭的社會主義活動後，一八九八年歸化為德國籍。對她而言，德國才是社會主義未來的舞台。她是積極參與德國社會民主黨活動的鬥士，更成為黨內左翼的代表人物之一。她仔細閱讀馬克思的著作，竭力更新馬克思的思想，替他的著作尋找新時代中的新地位。當愛德華．伯恩施坦（Eduard Bernstein, 1850~1932，恩格斯的遺囑執行人之一、德國社會民主黨的主要領導人與理論家）打算把馬克思最為革命的概念抽離出來、以修正社會主義時，盧森堡曾激烈地捍衛馬克思的基本理念。

盧森堡有一些非常獨到的觀點。首先，她基進地維護國際主義理想，拒絕建立新的國家。即便想建立新國家的人民認為自己受到壓迫，她仍認為，新的國家會造就工人之間無謂的分歧。對她而言，建立新的國家無異於與資產階級結盟。她甚至反對當時分屬數個帝國的波蘭成為獨立國家。

直到一九一七年，她都是忠誠的社會民主黨員，但她卻不信任該黨的發展：對她而言，德國社會民主黨太沉溺於日常事務，且過於官僚。她也認為必須呼籲群眾動員。動員的目的不是為了超越或消滅政黨，而是改造政黨。一九〇五年，俄國革命中的大規模罷工運動，說明了群眾運動的確可以在歷史中擔綱要角，抵抗官僚政黨。針對這次群眾罷工，一九〇六年盧森堡在《群眾罷工、黨和工會》（*Massenstreik, Partei und Gewerkschaften*）中肯認道：

> 這並不是要將工會組織消融在黨之中，而是要在社會民主黨和工會的領導人之間、黨和工會大會之間，建立一種自然的關係——一種整體的工人運動、和名為「工會」的特定局部現象之間的實質關係。這種轉變勢必引起部分工會領導人的強烈反對。然而，在這個時間點，社會主義工人階級必須表現出自己有能力判斷和行動，進而證明他們已足夠成熟，可以應對未來的偉大任務和鬥爭。在未來的這個時期，群眾才是集體行動者，而領導人只擔任發言人的角色，傳達群眾的意願。

出於反戰立場，一九一四年，盧森堡與另一群人建立並領導名為「斯巴達克派」（spartakistes）的政治組織，取名自羅馬帝國時代的奴隸起義領袖——斯巴達克斯（Spartacus）。該組織後來在一九一九年初與其他組織一同建立德國共產黨。最終，她死於一九一九年一月十五日的起義行動。遺體遭社會民主黨政府的軍隊毀棄。

## 奧托．鮑爾提出的民族問題

與饒勒斯、托洛茨基和稍後提及的葛蘭西相較之下，出身奧地利的奧托．鮑爾（Otto Bauer, 1881-1938）並沒那麼有名。不過，他試圖為民族——馬克思主義中最難解的問題之一——提供實在的解方。他的成名作是《民族問題與社會民主》（*Die Nationalitätenfrage und die Sozialdemokratie*, 1907）。鮑爾生於奧匈帝國，面臨馬克思生前低估的一項挑戰：將一群小型民族，融入較廣大的群體之中。長久以來，馬克恩和恩格斯（尤其是恩格斯）都認為法語民族、德語民族等較大的群體仍繼續存在，而其他小型民族（尤其是捷克人），則會融入包含文化與語言身分的廣大群體之中。然而，十九世紀末發生的事情卻完全相反：被認為是無歷史的民族大聲疾呼，爭取自己的權利。

最初，社會主義者相信這個差異，其實由階級鬥爭而來。他們高呼《共產黨宣言》的著名結尾：「全世界的無產階級，團結起來！」並呼籲跨國界的階級團結，為民族主義畫上句點。然而，鮑爾卻認為這不大可能達成。當時，奧地利的社會民主黨原先自稱「跨越民族」，是不同民族組成的聯盟，卻因民族間的衝突而逐漸磨損。鮑爾在著作中提出大膽的解決辦法：透過「個人自主」，使國家不再為特定民族所有。換句話說，每個人都能選擇成為較大範圍中、經認定的個別民族的成員，無須遵循傳統民族國家的規範。如此一來，在一定的領土範圍上，不同民族的人會彼此混雜，而不是相同民族的人聚居在一起。對鮑爾而言，這個方案比創造多個民族國家來得有用。

然而，一九一四到一九一八年間，由於「民族自決」的思潮，許多小型和中型的民族國家接連成立，造成與鮑爾預期相違的結果。不過，鮑爾的省思被用於其他地區的建國理論，如南斯拉夫等跨民族國家。

## 列夫．托洛茨基的「不斷革命論」

一九一七年俄國革命的領導人中，托洛茨基占有獨特的象徵地位。和其他戰友一樣，他在第一次世界大戰之前流亡西歐，並受到馬克思參與並成立的德國社會民主黨的影響，開始認識馬克思與馬克思主義。在《我的生平》（*My Life*, 1930）一書中，他曾憶及：

> 對俄國而言，德國社會民主黨是母親、教師、活著的模範，更是我們希望成為的理想樣貌。我們懷著崇敬的心情，喊出倍倍爾和考茨基的名號。無論我對德國社會民主黨有多少理論上的疑慮（如前所述），當時我仍受到他們不少影響。

托洛茨基十分了解歐洲的社會主義。雖然他與列寧長期敵對，但在一九一七年的革命期間，他與列寧成為親密的戰友，擔任第一線領導人和紅軍的指揮官。一九二〇年代，他提出「不斷革命論」，與蘇聯共產黨新任總書記史達林打對台。托洛茨基認為，為確保社會主義的勝利，必須在蘇聯以外的國家繼續推動革命，但史達林卻認為，「一國社會主義」才是此後唯一的道路。托洛茨基是名優異的演說家、大膽的理論家，雖然固執，但也對當時的新想法保持開放心態。他和法國超現實主義作家安德烈・布勒東（André Breton, 1896-1966）交好，也對心理分析的發展感興趣。他在一九四〇年遭暗殺之前，無論是在蘇聯境內或之後流亡外國，都是反對史達林的重要異議人士。托洛茨基提出的不斷革命論，是為了捍衛馬克思的革命精神與著作內涵，對抗史達林主義下的官僚體制墮落。在《不斷革命論》（*The Permanent Revolution*, 1931）一書中，他重返馬克思對「不間斷革命」的著述，強調社會主義革命的全球面向：

圖13　托洛茨基流亡土耳其時，四處宣講馬克思主義

社會主義革命的成功不應以國界為限。資產階級社會危機的重要原因之一，便是社會創造的生產力試圖脫離民族國家的架構。帝國主義的戰爭、歐洲對美國資本主義烏托邦的想像都是一例。社會主義革命始於一國之內，發展於國際之間，並在全世界完成。因此，社會主義革命必須不斷進行。而且這裡的「不斷」有了新的意思，比原先的意思更廣泛：除非全世界都成功確立了新社會，否則，不能稱之為社會主義革命的絕對勝利。

托洛茨基撰寫無數文章與作品，力圖忠實呈現馬克思與馬克思主義的原始精神。其中最著名的是俄國革命的史詩級紀錄：《俄國革命史》（*History of the Russian Revolution*, 1917）。除了身為作者，他也是史事的見證人。無數法國極左派組織——就是所謂「托洛茨基派[1]」（trotskystes）——都視他為理論與政治領域的重要導師。

## 安東尼奧・葛蘭西的「霸權」鬥爭

最近幾年中，人們最常提及的馬克思繼承人，可能是一九二一年義大利共產黨的創始人之一——安東尼奧・葛蘭西（Antonio Gramsci, 1891-1937）了。許多人都會提到他的「霸權」（hégémonie）概念，就連二〇〇七年，法國總統大選前夕的尼古拉・薩科吉（Nicolas Sarkozy, 1955-, 2007-2012 擔任法國總統）也是！二〇〇七年四月十七日，這位未來的總統向《費加洛報[2]》表示：「基本上，我採用了葛蘭西的分析方法：透過影響想法來贏得政權。這是史上第一次，有右派的政治人物投入文化霸權的鬥爭中。」

和馬克思一樣，無數人將葛蘭西的概念用於政治領域。當年的葛蘭西究竟是什麼樣子？為什麼近年來又有無數人引用他的概念？義大利共產黨成立於一九二一年初，葛蘭西是重要的創始人之一。他反對阿瑪迪歐・波爾迪加（Amadéo Bordiga, 1889-1970）對工會領導層採取激烈的對抗路線。葛蘭西認為，俄羅斯的革命策略不能直接套用到西歐。他沿用馬克思的想法，用新的元素來分析一九一七至一九二〇年，革命浪潮後的西方國家。此角度下，大多數的省思都寫在他的著作中《獄中札記》（*Quaderni del carcere*, 1929）：一九二六年之後，葛蘭西被貝尼托・墨索里尼[3]（Benito Mussolini, 1883-1945）的法西斯政權投入獄中，他利用獄中的時間，來檢討義大利左派的挫敗。與將「不斷革命」視為未來革命動力的托洛茨基不同，葛蘭西以軍事用語比喻，強調從「運動戰[4]」轉為「陣地戰[5]」的重要性——至少暫時存在。西方已開發國家，不能直接照搬俄國革命的過程，因為西歐國家已有發展較為成熟的公民社會，但隔壁的專制國家卻有一系列的機制，來防止類似的社會變革發生，如一九一七年俄國的十月革命[6]。因此，對霸權的鬥爭必須從長計議，而思想的戰爭是其中一環。

葛蘭西也提議，要了解不同的政治經濟系統轉型模式，並從義大利的「消極革命」開始分析：由上而下的革命，確保義大利的統一，卻沒有動員民眾的動力。此外，他反對法國大革命般的群眾革命，認為未來的革命必須從這些歷史中吸取經驗。

圖14　正在撰寫《獄中札記》的葛蘭西

葛蘭西出獄後不久，沒來得及看到自己創建的政黨後來的成就，就於一九三七年逝世了。不過，他的理論深遠地影響了一九四五年後的義大利共產黨。直到一九八〇年，義大利共產黨都是西歐最強盛的共產黨。葛蘭西的理論開創了一種更能接受議會民主、且更願意與其他政治勢力妥協的共產主義，而這也導致了一九七〇年代的「歐洲共產主義」運動。

此外，葛蘭西也提出其他看法，試圖讓馬克思主義更適應當代社會。他指出，除了政黨外，還有多變的革命主體：工人委員會、知識分子與其專業知識等。有些人認為，葛蘭西為歷史事件中的行動者增添更多價值，但這種增值，並非建立在傳統的階級鬥爭模式上。比利時理論家尚塔爾・穆芙（Chantal Mouffe, 1943-）閱讀葛蘭西著作後，便提出「民粹主義」、「他們」與「我們」對立等理論。穆芙進而影響法國的「不屈法國[7]」和西班牙的「我們可以[8]」等政治運動。這些運動和馬克思的關聯較不明顯，比如很少提及階級鬥爭。但借助於葛蘭西，這些運動仍繼承了馬克思的思想。

## 毛澤東與中國：農民革命？

馬克思將未來的歷史，賭在西歐工業部門當時和未來的擴張上。在此前提下，對他而言，歷史的主要行動者和未來革命的核心就是工人階級。他曾幾次變更預測的革命，尤其是晚年後，但他從未提供新的奪權策略，給未來的世代當作指引。此外，世界上仍有許多國家尚未工業化。在這些國家裡，農民才是全國的大多數人口。許多政治領導人認為，馬克思應該將革命第一線的角色交給農民。這些領導人中最負盛名的，毫無疑問的就是毛澤東（1893-1976）。他是一九四九年到一九七六年間中國的最高領導人。最初，他就是仰仗世界史上最大規模的農民起義，而登上權力高峰。

毛澤東是中國共產黨的創建人之一，一九二〇至一九三〇年代，他接觸了史達林版本的馬列主義思想。不過，他日後以某種「馬克思主義的中國化」，與蘇聯產生分歧。毛澤東在《中國的紅色政權為什麼能夠存在？》等許多著作中提議，應由農民主導社會變革。在一九三九年的《中國革命和中國共產黨》中，他直白說明農民在中國革命中的地位：

> 在這種情形下，由於中國經濟發展的不平衡（不是統一的資本主義經濟），由於中國土地的廣大（革命勢力有迴旋的餘地），由於中國的反革命堡壘內部的不統一、和充滿著各種矛盾，由於中國革命主力軍的農民的鬥爭，是在無產階級政黨共產黨的領導之下，這樣，就使得在一方面，中國革命有在農村區域首先勝利的可能；而在另一方面，則又造成了革命的不平衡狀態，給爭取革命全部勝利的事業，帶來了長期性和艱苦性。由此也就可以明白，在這種革命根據地上，進行的長期的革命鬥爭，主要的是，在中國共產黨領導之下的農民游擊戰爭[9]。因此，忽視以農村區域作革命根據地的觀點，忽視對農民進行艱苦工作的觀點，忽視游擊戰爭的觀點，都是不正確的。

一九六〇年代，毛澤東被視為第一批非歐洲馬克思主義的重要理論家之一。

圖15　毛澤東正向中國農民講述馬克思主義

直到後來，因一九六六年開始的「文化大革命」帶來人道與物質災難等原因，他遭受批評、喪失信譽。不過，「毛主義」仍有相當程度的影響，許多第三世界國家，接納毛澤東提出的發展模式。毛澤東的功過，至今仍無法蓋棺論定。在中國，他被認為是促成中國獨立的重要人物，並可能讓中國未來走向成功。但我們不能因此忽略他在一九六〇年代犯下的錯誤。

## 馬克思主義者眼裡的馬克思：只是知識上的導師？

二十世紀時，馬克思的著作影響了無數第一線的政治領導人，這些政治領導人又影響了無數國家、甚至全世界。除了前述幾個人物，還有許多拉丁美洲的社會活動家與思想家，如切．格瓦拉（Ernesto Che Guevara, 1928-1967），以及較不知名、但也很重要的秘魯思想家何塞．馬里亞特吉（José Carlos Mariátegui La Chira, 1894-1930）——他是目前許多玻利維亞政治人物的啟蒙者。一九九一年蘇聯解體之後，雖然非蘇聯模式的原始馬克思主義擁有悠久的傳統，但馬克思的思想仍被視為過時。直到二〇〇〇年代，尤其是二〇〇八年之後，人們才重新關注馬克思。到了批判思想百家爭鳴的現代，馬克思是主要的思想家之一。不過，這些名聲主要來自英語世界，且只在知識分子的領域。雖然能在知識分子間的辯論中發揮影響力，但在政治領域中仍很邊緣。之所以如此，主要原因是馬克思通常被視為作家，而忽略了其他身分。所以，我們有必要好好研究，社會科學中與馬克思對抗的多種學術傳統。

1 托洛茨基派：今日的法國有無數政治團體信奉托洛茨基的信念，其中政黨「工人鬥爭」（Lutte ouvrière）自一九七四年以來，每次總統選舉都有派出候選人。

2 費加洛報（Le Figaro）是法國的綜合性日報，創立於一八二五年，也是法國國內發行量最大的報紙，報導立場屬中間偏右派。

3 貝尼托．墨索里尼是二戰期間的義大利總理和獨裁者，也是法西斯主義的創始人。

4 運動戰是一種戰術，透過突襲和集中作戰力量，猛力攻擊敵人弱點，使敵方無法做出決策，以衝擊試圖打敗對方。

5 陣地戰：軍隊在相對固定的戰線上，進行陣地攻防的作戰形式，如堅固陣地或野戰陣地的攻防作戰。

6 「十月革命」或稱為「十月政變」，發生於一九一七年。該年的二月革命推翻了沙皇俄國，而十月革命推翻了克倫斯基領導的臨時政府。

7 「不屈法國」（la France insoumise）為法國左翼政治家尚—呂克．梅朗雄（Jean-Luc Mélenchon, 1951-）於二〇一六年成立的政黨，一般劃分為基進左派，甚至極左派。梅朗雄於二〇一七年代表該黨參選總統。該黨目前在法國參議院有兩席席次、國民議會十七席。

8 「我們可以」（Podemos）為西班牙的左翼民粹主義政黨，由政治學者巴勃羅．伊格萊西亞斯．圖里翁（Pablo Iglesias Turrión, 1978-）創立。目前，在西班牙眾議院有三十五席議員，為第四大黨。

9 國共內戰期間，中國共產黨以游擊戰為主要戰術。

第七章

# 馬克思與其他人——證明馬克思的重要性

「在某些方面，我們每個人都是馬克思主義者：
人們必須對生存處境負責，
而當這些處境使某些人失去體面生活所必需的手段時，
人們就必須改變這些處境。」

我們能將馬克思從馬克思主義中脫離出來嗎？或者單純視他為一位作家，而不討論與他有共同政治目標的人？自《資本論》出版以來，便受到自由派經濟學家仔細檢視。一方面，他們與這種共產主義視角保持距離；一方面，也認可馬克思的確是工業社會的第一線思想家。另外，許多推崇馬克思的社會主義者，並沒有花足夠的時間來閱讀馬克思的作品……甚至有些批評馬克思的人也一樣！

整個二十世紀中，社會學者、哲學家、經濟學者和理論家——只要認為有必要和馬克思對話的人——不論出於善意或惡意，他們都不停討論或評論馬克思的作品。這些交流和對話無可計數，難以簡單摘要。我們挑選一些重要思想家的概念。他們在人文科學中的影響卓著，雖與馬克思保持距離，但並非完全反對馬克思。或許，這就是證明馬克思重要、且具有決定性影響力的最強力證據。

## 韋伯：韋伯版的馬克思主義有可能存在嗎？

著名社會學家馬克斯・韋伯（Max Weber, 1864-1920）會是馬克思的盟友嗎？

首先，只要比較他們之間的政治參與歷程，兩人差異便十分明顯：韋伯從未相信顛覆資本主義和革命。在他的晚年，一九一八年底，當馬克思主義革命出現在故鄉德國，韋伯強烈譴責，追隨馬克思主義、並意圖推翻資產階級統治的斯巴達克派。此外，馬克思力圖消除國家之間的對立，但韋伯在戰爭期間，卻是積極的愛國人士。韋伯不信任將信念倫理與責任倫理混為一談的人。對他而言，科學家應該接受責任倫理，避免將科學著作與政治紛亂混在一起。而這和馬克思主義的目標並不相同……

在方法學層面，韋伯的社會學不認為階級鬥爭對社會生活有決定性作用，而是將階級鬥爭視作二十世紀初西方文明演進時，基進反對人士帶來的滑稽戲碼。權力與符號的差異至少和社會問題同等重要。在韋伯的名著《新教倫理與資本主義精神》（*Die protestantische Ethik und der Geist des Kapitalismus*, 1905）中，他連結了經濟結構與新教發展。不過，他顛覆了馬克思的模型。對馬克思而言，宗教是表達社會關係的形式。但韋伯認為新教促發的信念和思維模式，是資本主義機制的原始動力。

不過，馬克思和韋伯仍有相似之處。有些學者結合他們的思想，產生了批評當代資本主義的一脈思想傳統，尤其以被稱作「馬克思韋伯派」（marxo-wébérien）的法蘭克福學派[1]為代表，並由反對納粹的知識分子發揚光大。馬克思和韋伯都「對資本主義合理性的弔詭抱持著清晰、悲觀和高度基進的批判態度」（取自米凱爾．洛威（Michael Löwy, 1879-1940））。韋伯的部分作品與馬克思的論點相似，例如和帝國主義有關的作品《「帝國主義」的經濟基礎》（*Die wirtschaftlichen Grundlagen des « Imperialismus »*）。雖然韋伯不同意馬克思主義對帝國主義的定義，但他對帝國主義的論述，也呈現了經濟與政治之間的重要關係：

> 銀行不只是裝甲車和槍砲的直接供應商，更資助了戰爭貸款和今日大部分的重工業。無論戰爭後果為何，他們都享有經濟利益。對銀行而言，戰爭輸了或贏了，帶來的需求增長都一樣。而政治社群的成員，在國內具有大型的戰爭機器工廠時，所享有的政治與經濟利益，則迫使他們必須允許這些工廠為全世界提供戰爭機器，就算是他們的敵國也一樣。

## 雷蒙・阿宏：右派馬克思主義者？

在此介紹這位重要的右派學者，似乎有些矛盾。雷蒙・阿宏（Raymond Aron, 1905-1983）從不隱瞞他對共產主義政治體制的明確敵意，他一生都致力於打擊該制度。他是反極權的重要代表人物之一，激烈反對蘇聯的政治形式。儘管他對蘇聯非常反感，卻對馬克思敬重有加：

> 我從來不是馬克思主義者，但我也的確從閱讀《資本論》後開始研究社會哲學。我曾花了非常多時間，試著說服自己馬克思是對的。畢竟，他的論述使我獲益良多。但我從未成為馬克思主義者。換句話說，從來沒有其他作者和馬克思一樣，令我反覆閱讀、惠我良多，並讓我永遠重述他講的話。
>
> ——《馬克思的馬克思主義》（*Le marxisme de Marx*, 2002）

一九三〇年代初期，阿宏住在德國時，認識並閱讀了《資本論》。當時他正撰寫歷史哲學的論文，並在論文中與馬克思的著作對話。他從一九五五年開始於巴黎大學任教，教授無數與工業社會有關的課程。無論明顯與否，他的課程內容大量引用了馬克思的思想。當然，儘管他對馬克思的幾項概念持批判態度，仍與這些概念對話，而不像其他和他同陣營的人——激烈地拒絕這些概念。阿宏思想的許多概念，都來自與馬克思的對話，包括：政治的相對自主性和高度的重要性；為了保護並拓展自由，衝突在政治與社會生活中十分重要……。阿宏贊同馬克思在《資本論》提出的許多想法：

> 在某些方面，我們每個人都是馬克思主義者：人們必須對生存處境負責，而當這些處境使某些人失去體面生活所必需的手段時，人們就必須改變這些處境。
>
> ——《論自由》（*Essai sur les libertés*, 1965）

圖16　阿宏在法蘭西公學院講授《資本論》

阿宏也反對阿圖塞和法國哲學家尚－保羅・沙特（Jean-Paul Sartre, 1905-1980）的馬克思主義，後兩者是一九五〇到一九七〇年代，非常重要的左派知識分子。他極力反對他們只選擇性閱讀馬克思的部分作品：首先，有人偏重青年馬克思，尤其是異化的概念（指沙特等只對青年馬克思有興趣的人）；另外，也有人捍衛所謂的「認識論斷層」（指阿圖塞），認為較少採用科學方法的青年馬克思（此處為貶義）和日後以《資本論》打造新視角的成熟馬克思截然不同。對阿宏而言，應把馬克思的所有著作視為一個整體來閱讀和理解，不能偏廢。無論哪個時代，人們都應該跳脫註釋，直接閱讀並思索馬克思對政治經濟學的批判。當然，阿宏也不同意《資本論》中的部分概念：剩餘價值理論和剝削的觀點對他而言，立論都過於單薄。利潤率趨向下降的規律和「無產階級貧困化[2]」的命題（法共在一九五〇年代初期採納了這個命題，並極為教條化地運用）都用來論證資本主義遲早會面臨災難。但對阿宏而言，這種論點根本不恰當。資本主義比原先想像的更能克服各種矛盾……

阿宏的另一個質疑，在於馬克思如何演進成馬克思主義。他強調，馬克思的作品具有這樣的性質：「人們必然會不斷對其加以評論，使其變形為某種正統」。因此，不能將馬克思視為任何公共政策的基礎，否則就會陷入「阿宏厭惡馬克思主義」的危險。但馬克思仍然是必須閱讀和研究的重要作家之一。阿宏認為，馬克思比某些新自由主義者還要更細緻、更貼切。自一九七〇年代末開始，阿宏便以更強烈的力道批評新自由主義。

## 皮耶．布迪厄：馬克思與「宰制」的概念

法國思想家皮耶．布迪厄（Pierre Bourdieu, 1930-2002）是二十世紀下半葉，法國社會學最重要的代表人物之一，享有國際級的影響力。他從未聲稱自己是馬克思主義者，甚至數度坦承對法國共產黨意識形態的敵意。對他而言，法國共產黨的理論體系過於封閉，難以應對社會不斷的變遷。在定義著名的「宰制」（domination）和「場域」（Champ）[3]等概念時，布迪厄竭力與馬克思主義者提倡的階級鬥爭等概念保持距離，即便這些概念在一九六〇至一九七〇年代蔚為

風尚。不過，他仍偶爾被歸類為「新馬克思主義者」或「與通俗版本不同的馬克思主義變體」（法國哲學家呂克．費希〔Luc Ferry, 1951-〕；阿蘭．雷諾〔Alain Renaut, 1948-〕）。做出這種分類的，主要是批評布迪厄的社會學的代表人物。事實上「宰制」的概念，是十九世紀馬克思所謂的「階級鬥爭」精煉後的現代化版本。

這該怎麼解釋呢？雖然布迪厄與馬克思主義的關係很明確（就像馬克思主義和蘇聯版的馬克思主義），布迪厄仍數度表現他對馬克思作品的高度興趣。雖然從未發表任何對馬克思的研究，但他的作品仍引用馬克思的內容。因此，兩人的作品在某些部分有共通點，又在某些重點上涇渭分明。

對於社會階級和階級鬥爭的概念，布迪厄刻意與馬克思保持距離。他認為，這個過於簡化的概念（決定論[4]），反而使社會行動者變為經濟領域的囚徒。至於從自在階級變為自為階級的假說，對他而言，純粹是意識形態的斷言，或以他自己的話來說：「這是一種神祕的煉金術。」

圖17　布迪厄正為馬克思做註釋

> 這標誌著與馬克思主義傳統的第一個斷裂：後者無須其他程序，就能分辨出建構的階級和真正存在的階級（……）；或分辨出根據一系列客觀條件定義的自在階級，和根據一系列主觀因素定義的自為階級。這種文辭雕琢描述，從其中一種階級變為另一種階級的歷程，總是被當成一種真正的存有論提升（promotion ontologique）。其中的邏輯不是完全決定論，就是完全唯意志論[5]。
>
> ——《社會空間與階級的誕生》
>
> （*Espace social et genèse des « classes »*, 1984）

雖說布迪厄所謂宰制階級和被宰制階級之間（類似資產階級與無產階級）的衝突和階級鬥爭相像，但依據政治、文化等不同場域，布迪厄的階級係由不同的要素來定義，所以與馬克思的決定論看法不同。布迪厄並非不樂意使用「階級鬥爭」一詞，但該詞已經僵化，而且完全確定的工人階級和資產階級從未存在過。

他認為：「階級存在於某種一點一點描繪而成的虛擬狀態中，並非事先給定的狀態，而是行動而成。」——取自《實踐理性：論行動的理論》（*Raisons pratiques sur la théorie de l'action*, 1994）

另一個要素，則是意識形態的問題。在布迪厄生活的年代，馬克思提出一些法則獲得廣大回響。其中，《德意志意識形態》的部分常被提及：

> 無論在哪個年代，宰制階級的思想，同時也是主宰的思想。換句話說，社會中最具物質主宰地位的階級，同時也是精神上的主宰。

布迪厄並不否認意識形態和論述實踐，以及社會階級利益之間的關係。不過，他批評將上層建築（意識形態）和下層建築（經濟）的教條化做法。他並不認為讓受宰制階級意識到宰制的關係就已足夠，而是強調多重的象徵暴力。象徵暴力的成因，不只是宰制階級的意識形態而已。

簡單來說，布迪厄反駁「階級」的概念。他認為階級太過「經濟決定論」，也就是說，過於強調經濟方面和所謂的階級意識。對他而言，階級意識只是缺乏經驗研究的知識分子所創造的意識形態想像，更認為社會調查遠比抽象概念有意義。不過，這麼一來，他也忽略馬克思寫作《資本論》時，為了分析資本主義演進歷程，而盡可能蒐集大量資料的努力。

馬克思和布迪厄之間的確有共通點，並不只是因為布迪厄建立自己的社會學時，力圖與當時影響力十足的馬克思主義對話。更是因為對布迪厄而言，保持與馬克思的距離十分重要。

## 凱因斯與馬克思：亦敵亦友……最終和好？

從歷史來看，英國經濟學家約翰・梅納德・凱因斯（John Maynard Keynes, 1883-1946）和馬克思不大可能成為朋友。他們生活在不同時代：凱因斯出生時，馬克思已經過世了。此外，和馬克思相反，凱因斯從未支持革命，也從未希望顛覆資本主義。他在戰爭期間提出以消費帶動經濟成長、提升工資和部分稅率等一系列措施，來調整資本主義系統，而非真正改變整個體系。這部分與馬克思完全不同。

長期以來，馬克思主義者批評凱因斯和「凱因斯學派[6]」（keynésianisme）是為了自救而提出資本主義問題的終極解方，而非像馬克思一樣試圖顛覆整個體系。不過，凱因斯的改善措施改變了政治領域和經濟學界，繼而使人重新反思前述的對立情勢。

次級房貸風暴期間，法國經濟學家尚—瑪麗．阿希貝（Jean-Marie Harribey, 1948-）在二〇〇八年十一月十九日的《解放報》撰寫幾封信件，想像並推測已故的凱因斯和馬克思之間的魚雁往返。這些信，便是學界重新思考兩人差異的重要例子之一：

> 親愛的馬克思：
>
> 今天是一九二九年「黑色星期四」（華爾街股市大崩盤）的七十九

周年，我必須承認你的確嚇唬了我。坦白說，我不相信還有新危機。我早已有條不紊地分析，市場並沒有能力產生完全就業的均衡，並讓全世界的政府都知曉這項發現而變得更聰慧：已經不會有人雙手一攤，任由危機惡化。我心滿意得，非常滿意自己能將您——力圖讓資本主義葬身地獄業火的指標人物——拋諸腦後。

然而，我在《就業、利息和貨幣通論》（*The General Theory of Employment, Interest, and Money*）中描述的動物本能卻又捲土重來（……）。

我年輕時，汽車工業開始以光彩奪目的車輛，滿覆美國市場，但需求並未跟著增長。隨著巨大的債務引爆了金融泡沫，大蕭條緊隨在後。從二〇〇一年開始，美國人的債務又回到了同樣危險的程度（……）

我退讓我的立場，認為您說的有道理：資本主義似乎無法被修好。然而，在目睹多災多難的蘇聯實驗結果後，您還認為資本主義的荒謬戲碼真的有出口嗎？希望您會告訴我，您那些追隨者實在是讓人搖頭嘆息。親愛的馬克思，命運使我們分離，畢竟倫敦和劍橋之間的距離太遠，而您的膿瘡和我的文學品味，使我們位於分界線的兩側，或依照您的說法：身處不同的階級，不是嗎？不過，我們才是認識世界根本原理的人，所以，在面對將來的變局，我們或許該親近些。

**而虛構的馬克思回信，也值得一讀：**

親愛的凱因斯：

坦白說，收到您的來信時，我第一個反應是：品嘗到自己成功復仇的滋味。過去，您對我大量著作中的重要部分鑽牛角尖，並假裝從未讀過。如今，您總算要俯首稱臣了。若不是我的《資本論》，您要從哪裡找到積累、勞動作為唯一的生產要素、危機的可能性、愚笨的尚—巴蒂斯特．

賽伊（Jean-Baptiste Say, 1767-1832）提出的法則根本沒用、您稱作「流動性偏好」的儲存貨幣的作用，以及貨幣自身的作用呢？無知的人們可將您喻為「貨幣之父」呢！還有，親愛的凱因斯，貨幣之所以能轉化成資本，也是透過剝削勞動力的美德！（……）

我知道，您一向主張管制。老實說，只要能討論到事物根源，我可以在遣字用詞上讓步。否則，會有個警鈴大聲呼叫，訴說著貪婪的金融世界背後，仍有良善的資本主義。請牢記，資本主義企圖將人類浸到自私算計的冰水之中。您認為該怎麼辦呢？

第一，我們應去除資本的自由，保障所有民主制度下的自由，以挫敗官僚體制。

第二，我們應設立收入上限，將多餘的部分用於公共投資（關於此點，我很喜歡您的「投資乘數」概念，只可惜這不是我想出來的）。

第三，我們應針對生活必需品建立社會所有權，同時設立集體信貸管理。更該嚴肅地思索，如何將生產力用於實用面，而非損害面。

（……）

親愛的凱因斯，我保證再也不會嘲弄您的管制手段。

面臨隨時可能到來的資本主義危機，馬克思和凱因斯是否應該和解？希臘經濟學家考斯達斯・拉帕維查斯（Costas Lapavitsas, 1961-，曾是希臘齊普拉斯政權的支持者）建議人們設想這種和解的可能性。他理解反資本主義革命派的視角，與凱因斯改革手段之間的巨大差異，提出要徹底互分兩者，「以馬克思主義為分析工具，以凱因斯主義為政治工具」。以下是拉帕維查斯提出這個解決方法的理由：

馬克思主義的目的在於推翻資本主義、推動社會主義，無論哪個年代皆為如此。而凱因斯主義的目的則在於改善及拯救資本主義。然而，

> 當我們討論財政政策的問題，如匯率、銀行政策等。如果馬克思左派想要認真處理政策，就該在這些問題上做出選擇，不要只會在小房間裡譴責全世界。若要提出詳盡的因應策略，凱因斯主義提出的概念便不可或缺。很可惜，沒有其他的解決辦法。
>
> ——《雅克賓雜誌》（Jacobin Mag）的英語專訪，二〇一五年三月

所謂的「凱因斯馬克思主義」（keynésiano-marxisme）獲得了不可輕忽的回響。面對自由主義與新自由主義的興起，紮實的「社會主義」替代方案尚未出現，馬克思和凱因斯的結合似乎沒那麼不合適。事實上，歐洲的左派政黨為了勝選，經常提出凱因斯風格的解決方案，這和馬克思提出的分析工具，不必然相斥。

1 法蘭克福學派（Frankfurter Schule）是以德國法蘭克福大學社會研究中心為核心而組成的學派。該學派繼承馬克思等人的思想，並提出批判理論（Kritische Theorie），為戰後資本主義社會中的馬克思思想開闢新的道路。

2 後世的共產主義在詮釋《資本論》中有關資本積累的章節時，提出「無產階級貧困化」（Paupérisation du prolétariat）的概念。認為資本主義社會，將使財富集中於資產階級，而無產階級只會愈來愈貧困。

3 布迪厄認為，社會由不同的「場域」組成。每個場域都有一個特定主題（媒體、藝術、政治、語言、科學、經濟學等），人們在場域中積累經濟資本或文化資本，進而展開競賽。其中，獲勝者便處於宰制地位。

4 決定論（déterminisme）認為，每個事件的發生都由既有的條件決定。只要滿足這些條件，事件就一定會發生，人類的自由意志完全無法阻擋。

5 唯意志論（Volontarisme）可以指任何將人類意志（voluntas）置於理智之前、將實際行動置於思想之前的形上學理論，如尼采（Friedrich Nietzsche，1844-1900）的「權力意志」或十分著重意志的德國哲學家叔本華（Arthur Schopenhauer，1788-1860）。

6 又稱「凱因斯經濟學」（Keynesian economics），是根據英國經濟學家約翰．梅納德．凱因斯的著作而發展的經濟理論，主張國家透過擴大內需，才能促進經濟增長。在一九三〇至一九七〇年代，凱因斯學派是總體經濟學的主流。

結論

# 跨時代，與馬克思共創美好未來？

「無論在哪個年代，
宰制階級的思想，同時也是主宰的思想。
換句話說，
社會中最具物質主宰地位的階級，
同時也是精神上的主宰。」

一九六六年，法國哲學家米歇爾．傅柯（Michel Foucault, 1926-1984）說道：「十九世紀的思想中，馬克思主義如魚得水，也就是說：只要到了其他地方便無法呼吸。」對於傅柯的看法，我們該如何做想？

馬克思啟發了德國、英國和法國的不少思潮。他的學思歷程，當然是在十九世紀的環境中形塑而成，而他視作典型的工業時代曼徹斯特，與現在的工業面貌也大不相同。不過，他對於長時間歷史進程的分析，仍是啟發後世的重要來源之一。在某種意義上，馬克思對資本主義在全球擴張的論述是否有效，得等到一九九〇年代後才能驗證。他是一名超越時代的思想家，很早便提出全球化的概念——一八四八年的《共產黨宣言》，已預言全球市場的擴張。但當時這個構想，仍只是構想。一八六〇到一八七〇年代間，他從未停止研究資本主義的演化。晚年的時候，為理解各種其他的可能性，他修改了幾項最樂觀的預言、轉向其它現實世界的地域，對歐洲以外的政治與經濟發展興味盎然。

每個年代都會為人類帶來驚喜，讓人類必須對過去的看法有所修改。馬克思認為國家與民族的問題，會隨著西歐的社會主義革命迎刃而解。在晚年間，他詳盡觀察各民族的特點（比好友恩格斯更仔細），認為俄羅斯會發生改變（這個他在數十年前輕視的國家）。一八四八年和一八八三年的前景並不相同；十九世紀末，各民族都在抵抗，歐洲革命卻姍姍來遲。

此外，當年又有誰會知道，在蘇聯倒台、現有全球市場擴張的三十年後，歐洲統合面臨了深層危機（馬克思主義者自十九世紀末以來，便期待、猜測、討論著「歐羅巴社會主義合眾國[1]」（États-Unis socialistes d'Europe）的可能性，且保護主義和某些形式的國族主義會再度興起、並占據許多國家的舞台？保護主義在不久前還是個過時的東西，現在卻是許多政治與經濟討論的核心。

回到馬克思，他提出了一套分析方法，而不只是僵固的教條。以這種方式來閱讀馬克思，我們就更能從當代社會問題的態度來思考馬克思。和過去數代人的期望不同，馬克思並未提出所有問題的解答。不過他仍啟發無數人，並在批判資本主義的豐富著作中，給予我們許多指點迷津的工具。

## 昨日與今日的資本主義

如同馬克思在《資本論》中描述的：資本主義是精細的系統，非常易變又複雜。當資本家無法以相同方式繼續積累財富，便會尋找其他方法！這一點，馬克思早就知道了。這便是資本主義能打敗蘇聯式老舊經濟制度的原因之一。後者在一九七〇至一九八〇年代，無法走出經濟停滯、物質貧乏等困境，最終導致蘇聯倒台。就像哈維所說：「資本家保留了一千種可用於獲利的策略。資本主義或許如怪物般，但並非僵固不動的怪物。若資本主義的對手忽略資本主義，便踏上了毀滅的第一步。資本並非物體，而是過程。資本永遠都在變動，只遵循唯一的規範：『為積累而積累，為生產而生產』。」

數十年間，不少馬克思的支持者都認為，自己能在有生之年打倒資本主義、目睹資本主義的終局。資本主義要不是被自身的矛盾毀滅，就是被眾人的政治意志拋棄。我們必須說，連最樂觀的假設都站不住腳了。

## Update！更新馬克思

難道馬克思的理論失去了現實意義嗎？一九九〇年代，的確有許多人如此相信。但事實上，資本主義系統的矛盾卻重複出現，最近一次便是著名的二〇〇八年金融危機。

馬克思也是重要的政治思想家，致力於理解各種意識形態表徵的決定性角色，以及意識形態對社會的影響。其他許多研究和作者都補充了馬克思的直覺與觀察的不足。不過，僅以法國為例，只要重讀《路易·波拿巴的霧月十八日》，就會深有所感：波拿巴主義和威權傳統長期以來對法國政治生活的影響甚鉅。這些傳統中最明顯的部分——就是總統的職權，直到第五共和[2]成立的六十年後，仍未遠去。至於《資本論》，無論資本主義系統怎麼改變，只須重讀與商品拜物教有關的段落，就會發現其中的某些邏輯仍然存在。也不要忘記全球思考，看馬克思對當年曼徹斯特資本主義的特定描述，可以如何應用到最近才脫離未開發國家身分的國家。哈維向學生講述《資本論》時提到：

一九九〇年代中期，我要求修習《資本論》課程的學生練習：想像自己收到父母的一封信，提到他們正在修習《資本論》課程，並說即使該書當年確實有一定價值，但書中提到的勞動條件，多年後早已改變。我提供學生世界銀行等單位的官方報告節錄，以及知名媒體對中美洲蓋璞（GAP）服飾工廠、印尼和越南耐吉（NIKE）工廠中勞動條件的報導（……）。學生都寫出非常優異的論述。但在我建議他們真的回信給父母時，卻有些不知所措（……）。

就像學生注意到的，要將當前的勞動條件插入《資本論》的章節並不困難，可能根本察覺不出差異。這就是新自由主義的反革命，和工人運動失去力量帶來的結果。說來感慨，但馬克思的分析至今依然適用。

馬克思著作提供的許多元素仍能分析當代社會，只需更新其中內容。二十世紀，許多自稱追隨馬克思的思想家，都試圖完成這項工程，成功程度則不一。

## 馬克思的未來，該何去何從？

根據法國哲學家安德烈・托塞（André Tosel, 1941-2017）的說法，目前有「一千種馬克思主義」組成一致性不足、定義不明確的政治路線。許多從社會主義或共產主義衍生而來的歐洲政黨之間，究竟還有什麼共通點？是阿達利所謂的「全球化先知」、「經濟學家」馬克思？或者中國共產黨最高領導人習近平（1953-）所謂「馬克思主義的中國化」？別忘了，英語世界也有不少馬克思主義者，雖遠離政治舞台，學術成就仍十分傑出。

或許，最簡單的說法是：對許多人而言，馬克思的著作能促進反思，但對其他人而言則是動員群眾的力量，甚至是所有經啟蒙的公民必讀的作品。即使對這些著作的思辨可能不會再引起十九、二十世紀那般熱烈的辯論，但我們不能說馬克思對當代已經一無是處。

社會革命和廢除資本主義的歷史賭注已不再不證自明。不過，我們必須找回馬克思主義的精髓，這遠比經常和馬克思主義相提並論的史達林主義更豐富精采。當今世界的不平等、不穩定和複雜程度是前所未見。馬克思思想中的解釋元素，不但可用來理解這個世界，還能提出假說來發展各種替代方案。

即便面臨各式各樣的批評，馬克思著作的生命力仍舊無窮無盡、繼續邁向未來。

---

1 簡稱「歐羅巴合眾國」是一個政治構想，將歐洲各國以美國式的聯邦制，整合為一個主權國家。隨著歐盟的建立，疑歐論者有時會將此詞指稱「歐盟」。

2 一九五八年法國通過憲法公投，成立第五共和。

# 參考書目

若要閱讀馬克思的法文譯本著作，通常會參考法國的社會出版社（les Éditions Sociales）的出版品，以及正在出版的《馬克思恩格斯全集》（*Grande Éditions Marx Engels*, GEME）：https://editionssociales.fr/。

加利瑪出版社（Gallimard）的「七星文庫」（Bibliothèque de la Pléiade）也有出版《馬克思的著作集》（*Œuvres*）。

# 延伸閱讀

有關青年馬克思與德國歷史、革命的概念：

Lucien Calvié, *Le renard et les raisins – La Révolution Française et les Intellectuels allemands 1789-1845*, Uzès, Inclinaison, 2018.

有關歷史與階級鬥爭：

Jean-Numa Ducange et Mohamed Fayçal Touati, *Marx, l'histoire, les révolutions*, Montreuil, La ville brûle, 2010.

《資本論》介紹：

Jacques Bidet, *Que faire du Capital ?, Philosophie, économie et politique dans Le Capital*, Paris, PUF, 2000.

David Harvey, *Pour lire le Capital*, Montreuil, La Ville brûle, 2012.（中譯本：胡訢諄譯。《跟著大衛・哈維讀〈資本論〉》，漫遊者文化，2019。）

有關哲學與勞動：

Emmanuel Renault, *Marx et la philosophie*, Paris, PUF, 2014.

有關馬克思主義史及馬克思的繼承人：

Jean-Numa Ducange et Antony Burlaud (dir.), *Marx, une passion française*, Paris, La Découverte, 2018.〔尤其是由熱拉爾・莫熱（Gérard Mauger, 1943-）〕撰寫有關布迪厄的章節，以及由Gwendal Châton撰寫有關阿宏的章節）

Razmig Keucheyan, *Hémisphère gauche*, Paris, La Découverte, 2010.

Michael Löwy, *Max Weber et le marxisme wébérien*, Paris, Stock, 2013.

Jean-Jacques Marie, *Trotsky, le révolutionnaire sans frontières*, Paris, Payot, 2006.

Thales

# 沙灘上的馬克思，生活中的資本論

## Marx à la plage: Le Capital dans un transat

作　　者—尚—紐曼 · 杜康吉（Jean-Numa DUCANGE）
繪　　者—拉奇 · 馬拉伊（Rachid Maraï）
譯　　者—林承賢
發 行 人—王春申
選書顧問—林桶法、陳建守
總 編 輯—張曉蕊
責任編輯—劉柏伶
審　　定—萬毓澤
封面設計—吳郁嫻
內頁排版—6 宅貓

行銷組長—張家舜
影音組長—謝宜華
業務組長—何思頓
出版發行—臺灣商務印書館股份有限公司
23141 新北市新店區民權路 108-3 號 5 樓（同門市地址）
電話：(02)8667-3712　傳真：(02)8667-3709
讀者服務專線：0800056196
郵撥：0000165-1
E-mail：ecptw@cptw.com.tw
網路書店網址：www.cptw.com.tw
Facebook：facebook.com.tw/ecptw

Original title in the French language: *Marx à la plage. Le Capital dans un transat,*
by Jean-Numa DUCANGE © DUNOD Editeur, Malakoff, 2019 Illustrations by Rachid Maraï
Complex Chinese language translation rights arranged through Divas International, Paris
巴黎迪法国际版权代理 (www.divas-books.com)


局版北市業字第 993 號
初版一刷：2020 年 8 月
印刷廠：鴻霖印刷傳媒股份有限公司
定價：新台幣 350 元

法律顧問—何一芃律師事務所

國家圖書館出版品預行編目 (CIP) 資料

沙灘上的馬克思，生活中的資本論 / 尚 - 紐曼 . 杜康吉 (Jean-Numa Ducange) 著 ; 林承賢譯 . -- 初版 . -- 新北市 : 臺灣商務 , 2020.08
面 ; 公分 . -- (Thales)
譯自 : Marx à la plage : le Capital dans un transat
ISBN 978-957-05-3277-7( 平裝 )

1. 馬克思 (Marx, Karl, 1818-1883) 2. 馬克斯經濟學 3. 馬克斯主義

550.186 109008707